ANTI-AGING
O SEGREDO DA LONGEVIDADE
E REJUVENESCIMENTO

Neil Stevens

ANTI-AGING
O SEGREDO DA LONGEVIDADE E REJUVENESCIMENTO

© Publicado em 2017 pela Editora Isis.

Revisão de textos: Luciana Moreira
Diagramação e capa: Décio Lopes

DADOS DE CATALOGAÇÃO DA PUBLICAÇÃO

Stevens, Neil

Anti-Aging – O Segredo da Longevidade e Rejuvenescimento/ Neil Stevens | 1ª edição | São Paulo, SP | Editora Isis, 2017.

ISBN: 978-85-8189-101-9

1. Saúde 2. Medicina Alternativa I. Título.

Proibida a reprodução total ou parcial desta obra, de qualquer forma ou por qualquer meio seja eletrônico ou mecânico, inclusive por meio de processos xerográficos, incluindo ainda o uso da internet sem a permissão expressa da Editora Isis, na pessoa de seu editor (Lei nº 9.610, de 19.02.1998).

Direitos exclusivos reservados para Editora Isis

EDITORA ISIS LTDA
www.editoraisis.com.br
contato@editoraisis.com.br

Sumário

Introdução 11

1. Comece o dia com uma automassagem com azeite de gergelim suave 14
2. Água quente com limão 15
3. Cuidado com os medicamentos 16
4. As extraordinárias qualidades da coenzima Q10 17
5. Os radicais livres e os antioxidantes 18
6. Os estrógenos da soja 19
7. Brotos de alfafa 20
8. A pedra eleita pelos mais longevos 21
9. Bulgária e o leite fermentado 22
10. Evite alimentos preparados 23
11. Chá verde, vinho tinto e chocolate negro 24
12. A dieta dos grupos sanguíneos 25
13. Terapia da cor 27
14. Geleia real 28
15. Os perigos do açúcar refinado 29
16. O aspartame 30
17. Elimine da sua dieta as gorduras hidrogenadas 31
18. Estresse positivo e estresse negativo 32
19. Dar e receber abraços ajuda a reduzir os níveis de colesterol 33
20. Faça exercícios 34
21. Telefones móveis 35
22. Pratique o Chi Kung 36
23. Rejuvenesça enquanto dorme 37
24. Mel para as feridas 38

25. Pratique alguma técnica de relaxamento...................................39

26. Um exercício dos monges taoístas para purificar o fígado 40

27. Lócus de controle interno e longevidade 41

28. Coma pão integral...42

29. Um suco de laranja dia cada 43

30. Água 44

31. Jejum 45

32. As preocupações..46

33. Beterraba...47

34. Não atire a vitamina B pelo ralo 48

35. Cãs 49

36. Ômega 3 e DHA..50

37. Pratique os Cinco Ritos Tibetanos da Eterna Juventude.............51

38. Consuma só produtos procedentes de cultivos ecológicos.........52

39. Alimente-se bem para não engordar 53

40. Café..54

41. Ginástica mental..55

42. O valor terapêutico da reflexologia.......................................56

43. Sons curativos 57

44. O leite homogeneizado não é leite 58

45. Leia as etiquetas dos alimentos..59

46. Pratique o Feng Shui 60

47. Desligue a televisão 61

48. Rodeie-se de íons negativos 62

49. Equinácea 63

50. Erva-Mate 64

51. Consuma de vez em quando algum alimento probiótico 65

52. Comidas à base de curry 66

53. Alimentos Cosméticos...67

54. Glutâmicos 68

55. Os neandertais não padeciam de osteoporose.......................69

56. Os benefícios das plantas...70

57. Pule uma refeição de vez em quando 71
58. Musicoterapia 72
59. Trabalhe com algo que realmente lhe agrade 73
60. Cuidado com as frigideiras antiaderentes 74
61. Leia! 75
62. Magnésio 76
63. Desenhe mandalas 77
64. Ponha uma mascote em sua vida 78
65. Hipnoterapia 79
66. Gotu Kola 80
67. Um banho para o estresse 81
68. Gengibre 82
69. Os perigosos antitranspirantes 83
70. Vitamina E 84
71. Obturações com amálgama 85
72. Cosméticos venenosos 86
73. Durma oito horas 87
74. Frutos secos 88
75. Faça um bom desjejum 89
76. Evite o consumo de sal 90
77. Alho 91
78. DHEA 92
79. Desfrute dos balneários 93
80. Potássio 94
81. Cuida do seu sistema linfático 95
82. O bom do selênio 96
83. Aromaterapia 97
84. Sucos medicinais 98
85. Fluorescentes 99
86. Massagens 100
87. Zinco 101
88. Suplementos vitamínicos assimiláveis 102

89. A meditação 103
90. Aloe Vera 104
91. Luz solar 105
92. Schizandra chinesis 106
93. Azeite de oliva 107
94. Evite comer pescado procedente de fazendas de peixe 108
95. OPC 109
96. Domine seu estado emocional com os condutos nasais 110
97. Gabirobas 111
98. A respiração diafragmática 112
99. Ácido alfalipoico 113
100. Evite comer carne de criadouro 114
101. Em casos de depressão – convide-a 115
102. Azeite de borragem 117
103. Anti-inflamatórios naturais 118
104. Ante o sofrimento e a dor 119
105. A rica mandarina 120
106. Utilize palmilhas magnéticas ou joia imantada 121
107. Não leve nada demasiado a sério 122
108. Sinta suas emoções 123
109. Pratique o método Pilates 124
110. A correta localização da cama 125
111. Vida social 126
112. Terapia do calor 127
113. Batata para a artrite e a eczema 128
114. Remédios naturais para as dores menstruais 129
115. Fo-ti 130
116. Nozes e sementes que equilibram o temperamento 131
117. O que se deve saber sobre o ginseng 132
118. Olheiras 133
119. Um coração solitário vive menos 134
120. Cálcio 135

121. Creme de capsaicina.....................136

122. Vitaminas para a vista.....................137

123. Constelações familiares 138

124. Produtos de limpeza para o lar.....................139

125. PVC.....................140

126. Inositol para os ataques de pânico.....................141

127. Pimenta malagueta para o catarro e a congestão nasal.....................142

128. Azeite de linho.....................143

129. Pesticidas.....................144

130. Salsinha.....................145

131. O riso.....................146

132. Afrodisíacos naturais.....................147

133. Goji.....................148

134. Caminhar descalço.....................149

135. Coma com calma.....................150

136. Cravo para a dor de dentes.....................151

137. Vinagre de cidra.....................152

138. Aveia para a pele irritada.....................153

139. Lavanda.....................154

140. Shiatsu.....................155

141. Kudzu.....................156

142. Vinho tinto para o herpes.....................157

143. Orégano contra as bactérias resistentes aos antibióticos.....................158

144. A soja previne o câncer de matriz.....................159

145. Um contra-mosquitos natural.....................160

146. Alimentos funcionais.....................161

147. A sesta.....................162

148. Terapia de limpeza do cólon.....................163

149. Evite a contaminação acústica.....................164

150. A autoestima.....................165

151. O agradecimento.....................166

152. Azeite da árvore do chá.....................167

153. Remédios naturais par dor de cabeça 168

154. Em caso de alergias 169

155. Melhore sua visão sem óculos 170

156. Remédios naturais para hemorroidas 171

157. Neem 172

158. As azeitonas e os ácidos graxos 173

159. Sementes de girassol 174

160. Spirulina 175

161. Castanhas da Índia para as varizes 176

162. Ginkgo Biloba 177

163. Cardo mariano 178

164. Bananas 179

165. Cajus 180

166. Abacates 181

167. Rhodiola rósea para o estresse 182

Introdução

É possível rejuvenescer?

Podemos frear os sintomas do envelhecimento, revitalizar-nos e ganhar qualidade de vida?

Existe a possibilidade de reverter um processo que à simples vista parece inevitável?

Ainda que as estatísticas demonstrem que vivemos mais anos do que os nossos antepassados, cada vez vivemos pior.

Nunca antes existiram tantas enfermidades cardiovasculares, nem tantos casos de obesidade.

Os números de câncer parecem ter disparado nos últimos sessenta anos.

Acrescentaram-se anos à vida, mas não vida aos anos.

É certo que as vacinas, a penicilina e algumas inovações mais recentes dentro do campo da medicina incrementaram nossa esperança de vida.

Os cientistas projetaram máquinas para manter com vida corpos incapazes de levar a termo suas funções vitais, dando a impressão que o propósito da medicina, nos últimos anos, foi prolongar ou alongar a vida em lugar de centrar-se em manter a saúde.

Sabemos que nossa qualidade de vida está se deteriorando a passos gigantescos.

Levamos existências sedentárias em que nossos momentos de ócio limitam-se, em muitos casos, a permanecermos sentados diante da televisão ou de um computador.

Passamos pouco tempo ao ar livre exercitando nosso corpo.

Comemos comida rápida, fabricada por empresas multinacionais, cujo único objetivo é obter benefícios econômicos, e continuamente estamos expostos aos campos eletromagnéticos. A lista é deprimente e interminável. Os pesticidas cancerígenos nos vegetais. Os solos cada vez mais empobrecidos.

O uso indiscriminado de conservantes e corantes em alimentos, a contaminação da água, os azeites hidrogenados presentes em muitos dos alimentos enlatados; um ritmo de vida esgotador e estressante que deixa muito pouco espaço para a distração.

Descartando a pouco provável opção de irmos viver na montanha, afastados do ruído mundano, próximos de um manancial que não contenha metais pesados, onde disponhamos de um solo rico em minerais onde possamos cultivar nossas próprias verduras sem pesticidas, e criar nossos animais sem ração nem hormônios de crescimento, afastados de aparelhos eletromagnéticos, telefones móveis e outras fontes de contaminação. E contando com que não nos muramos ante o aborrecimento, existem alternativas razoáveis e compatíveis com nossa forma de vida para sairmos desse ciclo de insalubridade?

Não existem receitas milagrosas, mas sim pautas e sugestões de vida saudáveis que podemos incorporar em nossa vida com facilidade.

Algumas procedem das mais recentes investigações científicas e outras de técnicas milenares como a Ayurveda ou a Medicina Tradicional Chinesa.

Algumas são orientadas para a vitalidade física e outras para revitalizar o espírito. Todas têm algo em comum que posto em prática irão ajudá-lo a sentir-se melhor no seu corpo.

Recomendo-lhe que as incorpore de forma paulatina na sua rotina diária e sem pressionar-se.

O correto é que comece por aquelas práticas que lhe resultem mais atraentes ou fáceis de fazer.

Conforme vá notando os resultados em seu corpo, será mais fácil começar com as medidas que, a princípio, possam parecer-lhe mais drásticas e difíceis.

Adiante? Pois lá vamos nós...

1

Comece o dia com uma automassagem com azeite de gergelim suave

Conforme a medicina ayurvédica, o abhyanga ou massagem com azeite de gergelim suave, tem propriedades rejuvenescedoras, melhora o sistema imunológico, equilibra o sistema nervoso e estimula a circulação do sangue e a linfa.

Para realizá-lo, tem somente de aquecer em banho-maria em um pequeno recipiente a quantidade de azeite que vai usar e começar a massagear-se vigorosamente com a palma da mão, começando pelo couro cabeludo.

Segue com o rosto, o pescoço, o peito, o abdômen, os quadris, os braços, as pernas e os pés.

Uma vez terminado, se tiver tempo, pode descansar entre cinco e dez minutos para sentir no seu corpo os efeitos energéticos da massagem, antes de ir à ducha.

Esta é uma das melhores formas de começar o dia!

2

Água quente
com limão

Uma xícara de água quente com meio limão exprimido em jejum é uma excelente forma de revitalizar seu corpo pela manhã, e de solucionar problemas de constipação sem precisar recorrer ao uso de laxantes.

Por ser ligeiramente diurético, efetua uma pequena limpeza no seu interior que ajuda a eliminar as toxinas de vésperas acumuladas no seu organismo. É importante que dê tempo para que faça seu efeito, portanto, depois de tomá-lo espere pelo menos dez minutos antes de iniciar o desjejum. Se o seu sabor lhe demasiado ácido, pode acrescentar-lhe meia colherada de mel.

3

Cuidado com
os medicamentos

Muitos dos medicamentos que se receitam diariamente causam adições ou têm efeitos secundários indesejáveis. Todos afetam o estado geral do seu corpo e não somente o órgão que está lhe causando problemas.

Se não existe alternativa e decide tomá-los, é importante que não se exceda da dose recomendada pelo médico.

No caso dos antibióticos, não se deve tomar menos do que foi recomendado, já que doses subletais de antibióticos podem provocar a proliferação de bactérias patógenas resistentes.

Também deve considerar-se que alguns medicamentos não devem ser suspensos de repente ou quando se desejar; a dosagem deve diminuir-se progressivamente.

Um estudo revelou que nos Estados Unidos a cada ano morrem 140.000 pessoas aproximadamente por causa dos efeitos secundários dos medicamentos e, em muitos casos, existem alternativas naturais para esses fármacos.

Em outras ocasiões, quando se trata de uma medicina indicada para aliviar sintomas de enfermidades, podem ser prescindíveis.

Talvez em algumas ocasiões prefira aguentar uma dor de cabeça antes de recorrer a esse analgésico que sabe que lhe fará sentir-se letargiado.

Outra opção é buscar alternativas naturais que não afetem negativamente o resto do seu corpo.

4

As extraordinárias qualidades
da coenzima Q10

A coenzima Q10 é uma substância natural, cuja principal função é produzir energia em nível celular. Está presente em todas as células do nosso corpo, mas a partir de certa idade sua produção diminui.

Tomada como suplemento, demonstrou ser efetiva contra a hipertensão, a angina de peito e diversos problemas cardíacos.

Tem propriedades antioxidantes e regenerativas, cura as enfermidades das gengivas e alivia certos sintomas das diabetes.

Aplicada exteriormente ajuda a atrasar os sinais do envelhecimento da pele.

5

Os radicais livres e os antioxidantes

Já faz algumas décadas que foram descobertas moléculas caracterizadas por elétrons em número ímpar, algo que as torna prejudiciais para a saúde, são os radicais livres. Na sua tentativa de equilíbrio, roubam de outra molécula o elétron que lhes falta, fazendo com que esta, também, se torne prejudicial. Desta forma começam a gerar uma reação em cadeia que causa destruição nas membranas celulares e nos tecidos.

O estrago da pele, com a passagem dos anos e muitos dos sinais externos de envelhecimento, como a falta de firmeza, devem-se à ação caótica dos radicais livres. Atualmente, se sabe que alguns tipos de câncer, as cataratas, certas enfermidades degenerativas neurológicas, a arteriosclerose, a artrite e o envelhecimento prematuro são doenças causadas, em grande parte, por esse tipo de moléculas.

Os radicais livres surgem pela simples combustão do oxigênio nas células, mas sua produção se acelera em casos de enfermidades e com o uso de certos medicamentos. Também os captamos através do meio ambiente devido à contaminação.

O corpo protege-se da ação dos radicais livres produzindo moléculas que têm a capacidade de desprender-se facilmente dos seus elétrons, neutralizando assim o efeito dos radicais livres: os antioxidantes. Ocorre, porém, que em situações de estresse, enfermidade ou forte contaminação ambiental essa produção não é suficiente, pelo que se recomenda seguir uma dieta rica em antioxidantes. Os brócolis, os espinafres, as acelgas, as cenouras, as abóboras, os cítricos, os pêssegos, as nozes e as avelãs são alimentos muito ricos em antioxidantes.

6

Os estrógenos da soja

Os grãos de soja e todos os produtos derivados dela contêm estrógenos vegetais, um estrógeno natural recomendado para as mulheres durante a menopausa.

A soja ajuda a prevenir o colesterol, baixa o nível de triglicérides no sangue e é uma fonte importante de proteínas vegetais. Assegure-se de que a soja que consome não é transgênica, ainda não se sabe que efeito pode ter, em longo prazo, em nossa saúde e no meio ambiente.

Em muitos casos provém de companhias sem escrúpulos que vendem sementes geneticamente modificadas para que não se reproduzam, obrigando o agricultor – em muitos casos do Terceiro Mundo – a comprar sementes a cada ano.

7

Brotos de alfafa

Ácido fólico, potássio, ferro, fósforo, magnésio, cálcio, cobalto, manganês, ácido pantotênico, vitaminas A, B1, B3, B6, C, D, E, K, proteínas, antioxidantes... É tão surpreendente a quantidade de nutrientes que contêm os brotos de alfafa que parecem competir diretamente com qualquer complexo vitamínico que se possa encontrar em uma farmácia.

É excelente para combater a fadiga depois de um esforço prolongado, ajuda em caso de enfermidades vasculares e é um bom depurador hepático. Podem ser encontrados prontos para o consumo em casas de produtos naturais, ou melhor, podem ser compradas as sementes e deixá-las com pouco de água em um recipiente para que germinem.

8

A pedra eleita pelos mais longevos

Um estudo realizado demonstrou que a esmeralda é o mineral preferido pelas pessoas maiores de cem anos. Muitos dos centenários entrevistados asseguraram que essa pedra preciosa tem propriedades rejuvenescedoras.

O estudo conclui que há possibilidade de que esse mineral emita certas frequências que interagem com nosso sistema energético atrasando o processo do envelhecimento.

9

Bulgária e o leite fermentado

No início do século passado um estudo revelou que a Bulgária era o país com a maior porcentagem de centenários.

Depois de analisar sua alimentação, concluiu-se que sua longevidade estava relacionada com o consumo diário de iogurtes. Não obstante, mais recentemente se descobriu que os búlgaros não tomavam iogurtes, mas leite fermentado sem pasteurizar nem homogeneizar.

Os fermentos lácteos reforçam as bactérias intestinais encarregadas de produzir as vitaminas B e K.

Os medicamentos e o álcool destroem essas bactérias, pelo que se recomenda aumentar a ingestão de leite fermentado ou iogurte, depois de consumir antibióticos ou álcool.

10

Evite alimentos preparados

Ainda que seja certo que existam empresas de alimentação que ofereçam alimentos preparados de forma saudável, com componentes naturais, procedentes de culturas biológicas e sem conservantes, mas, lamentavelmente, a minoria.

O interesse da grande maioria dessas companhias (e no caso, das multinacionais, falamos na prática, da totalidade) é obter benefícios econômicos e não uma alimentação de forma saudável.

É tão simples, mas a saúde não está dentro dos seus objetivos. Seu propósito é vender e sua ferramenta são as técnicas do marketing. Para isso, não duvidam em dar um belo aspecto aos seus pseudoalimentos, usando tratamentos químicos cancerígenos ou acrescentando-lhes potências de sabor tóxico (como o glutamato monossódico) para conseguir que seus produtos pareçam mais apetitosos. É, especialmente grave no caso das crianças, que são facilmente influenciáveis e as quais se lhes anima a consumir este tipo de alimento através de anúncios coloridos e propagandas.

Pensa naquilo que realmente está comendo cada vez que consome algum desses alimentos. Além do mais, em muitos casos, as matérias-primas procedem de granjas industrializadas onde os animais são alimentados à força, sem espaço para se mover ou de extensas culturas com os solos empobrecidos, castigados de pesticidas.

11

Chá verde, vinho tinto e chocolate negro

O que tem em comum o chá verde, o vinho tinto e o chocolate negro? A alta quantidade de flavonoides, uma substância que ajuda as células a eliminarem os produtos prejudiciais ao metabolismo, evitando a morte prematura da célula.

Quer dizer, ajudam seu corpo para que se mantenha mais jovem durante mais tempo. Mas não há de exceder-se...

12

A dieta dos grupos sanguíneos

Nem todos os corpos metabolizam os alimentos do mesmo modo. Conforme certos estudos realizados na década de oitenta, alguns produtos benéficos para um grupo sanguíneo não são assimiláveis por outros grupos.

Quando um alimento não é devidamente assimilado pelo organismo, tende a ficar acumulado no corpo, fazendo-nos engordar. Entretanto, um alimento quando é bem metabolizado converte-se em energia que ajudará a queimar a gordura excedente.

Esse tipo de dieta ajustada ao grupo sanguíneo – muito habitual no Japão – ajuda a equilibrar o metabolismo, e que o sistema digestivo processe melhor os nutrientes.

Segue aqui uma tabela para orientar acerca do tipo de alimentos recomendados para cada grupo sanguíneo.

Alimentos que emagrecem

Sangue tipo O: Algas marinhas, carnes vermelhas, brócolis, espinafre, couve, mariscos, pescados do mar, sal iodado, fígado, chá vermelho, erva-mate.

Sangue tipo A: Azeite de oliva, soja e seus derivados, verduras, pinhas, chá verde, amaranto.

Sangue tipo B: Vegetais verdes, carne, fígado, ovos, produtos lácteos com pouca gordura, infusão de alcaçuz, kefir, pinha.

Sangue tipo AB: Tofu, pescados, leite e derivados, verduras, algas marinhas, pinhas.

Alimentos que engordam

Sangue tipo O: Glúten de trigo, copos de cereais, milho, couve-
-flor, couve de Bruxelas, lentilhas, feijões, couve branca.

Sangue tipo A: Carne, leite e derivados, favas, pão e outros produtos de trigo.

Sangue tipo B: Milho, lentilhas, legumes em geral, chocolates,
sementes de gergelim, trigo e derivados.

Sangue tipo AB: Carnes vermelhas, feijões, gergelim, milho, trigo,
trigo sarraceno, bananas.

13

Terapia da cor

Pratique a terapia da cor para sentir-se melhor.

Sente-se com os olhos fechados em um lugar em que se sinta confortável e imagine que uma luz com a cor que queira empregar o rodeia.

Respire e imagine que está inalando a cor.

Sinta como isso afeta as partes do corpo que queira sanar.

A seguir há uma pequena tabela acerca do uso terapêutico da cada cor.

Doença – Cor

Rosa: rugas, acne e falta de firmeza no rosto.

Turquesa: problemas circulatórios, artrite e problemas gástricos.

Laranja: ajuda a aliviar a dor.

Azul-escuro: acelera o processo de cura nos ossos fraturados.

Azul-celeste: para o bem-estar geral e o relaxamento, ajuda a melhorar a memória.

Verde-escuro: purifica o sangue.

Verde-pálido: problemas oculares e de visão.

Verde-maçã: para eliminar hábitos nocivos.

Violeta: cura as emoções negativas.

Dourado: para os transtornos mentais e de crescimento.

14

Geleia real

A geleia real é o alimento principal da abelha rainha.

Esse alimento faz com que as abelhas rainhas vivam dez vezes mais do que as obreiras, além de proporcionar-lhes a quantidade de energia e resistência necessárias para levar a termo a postura de ovos.

Contém proteínas, aminoácidos, enzimas, vitamina B e nutrientes, descobertos pela ciência, que estimulam o sistema imunológico, dão energia, vitalidade, ajudam em caso de inapetência e insônia, e favorecem a regeneração da pele, unhas e cabelo.

15

Os perigos do açúcar refinado

O açúcar branco industrial deprime o sistema imunológico, eleva o nível de triglicérides, causa oxidação nas células (gerando radicais livres) e faz sentir-nos cansados e envelhecer prematuramente. Além do mais, não contém nenhum nutriente e nos traz somente calorias vazias que nos fazem ganhar peso. Substituindo-o por mel, açúcar mascavo biológico ou xarope de boldo, que não têm os efeitos perniciosos do açúcar refinado, e lhe trarão nutrientes e antioxidantes.

16

O aspartame

O aspartame, um edulcorante muito habitual nos refrescos de baixas calorias, está classificado como excitotoxina e seu uso tem sido relacionado com casos de insônia, mudanças de humor, depressão, dores de cabeça, e perdas de memória porque dificulta a formação da serotonina, o neurotransmissor da sensação de bem-estar.

Há estudos que também relacionam o emprego desse edulcorante com a enfermidade de Alzheimer.

Cada vez que consumir um refresco tipo light, um caramelo sem açúcar ou uma sobremesa de baixas calorias, assegure-se de que não contenha aspartame.

17

Elimine da sua dieta
as gorduras hidrogenadas

Obtêm-se gorduras hidrogenadas saturando-se artificialmente moléculas de gorduras ou azeites com hidrogênio. São altamente tóxicas e estão presentes na maioria dos produtos de confeitaria e enlatados encontrados em supermercado convencional. Com o tempo, esse tipo de gordura ataca as paredes das artérias, causa problemas cardíacos, arteriosclerose, ataca o fígado e os rins e é difícil de ser eliminado.

A maioria das margarinas é elaborada a partir dessa gordura, pelo que é mais saudável optar pela manteiga tradicional.

Não ingira nenhum produto que contenha gorduras hidrogenadas, e elimine da sua cozinha qualquer alimento preparado que as contenha. Esta simples mudança pode por si só produzir resultados muito benéficos.

18

Estresse positivo e
estresse negativo

O estresse positivo é uma energia que nos estimula mental e fisicamente e que nos rejuvenesce. Está presente quando encontramos novas oportunidades de crescimento, desafios interessantes ou projetos de vida que nos entusiasmem.

Acrescenta emoção em nossas vidas, leva-nos a ser mais construtivos e a resolver os obstáculos de forma eficiente.

Em nível físico, uma dose de estresse positivo aviva todas as funções biológicas, especialmente as do sistema circulatório.

Pelo contrário, o estresse negativo é uma energia corrosiva que esgota o corpo e a mente.

O estresse negativo é gerado quando abrigamos sentimentos de inferioridade, culpa ou desprezo de nós mesmos, em situações de desespero, dependência física ou emocional e diante de catástrofes ou tragédias.

A liberação de hormônios de estresse na corrente sanguínea faz com que nossas defesas mentais e físicas caiam vertiginosamente. Isto acelera o processo do envelhecimento, e se o estresse persistir durante longo tempo ou é especialmente intenso, pode chegar a ocasionar enfermidades graves.

19

Dar e receber abraços ajuda a reduzir os níveis de colesterol

Foi realizado recentemente um estudo com a intenção de analisar o acúmulo de placas nas artérias. Para isso, se utilizaram coelhos que foram colocados em jaulas empilhadas do solo até o teto, e foram alimentados com grande quantidade de colesterol.

Semanas depois, os pesquisadores surpreenderam-se ao observarem que os coelhos das jaulas inferiores tinham níveis de colesterol até 60% inferiores em relação aos seus companheiros das gaiolas próximas do teto. Resolveu-se o enigma, quando se descobriu que a encarregada de alimentá-los passava muito tempo acariciando os animais das jaulas inferiores.

20

Faça exercícios

O movimento é indispensável para que o corpo se sinta bem; nosso organismo é desenhado para estar em movimento e quando não nos movemos durante um tempo, sentimos que nos atrofiamos.

Diversos estudos demonstraram que trinta minutos de exercício aeróbico, cinco vezes na semana, são mais do que suficientes.

Se não gosta da ideia de frequentar uma academia, faça algo que realmente lhe agrade, como caminhar todos os dias ou dançar. Estamos tão acostumados com nossa forma de vida sedentária, que pequenas mudanças como deixar de utilizar o elevador e subir as escadas ou levantar-se da cadeira para mudar o canal de televisão sem usar o comando a distância podem começar a marcar a diferença.

21

Telefones móveis

Um telefone móvel ligado emite energia eletromagnética muito potente.

Se estiver falando por meio dele, suas irradiações literalmente esquentam sua cabeça. Inclusive se não está usando, mas tem um ligado próximo, está do mesmo jeito absorvendo essas irradiações.

Um estudo apresentado por uma universidade alemã mostrou anomalias em 70% dos eletroencefalogramas realizados em pessoas próximas de um telefone móvel. Pior é que essas anomalias demoravam aproximadamente vinte e quatro horas para se dissiparem, e isso só ocorria quando o telefone se desconectava ou seu usuário se mantinha afastado dele. Faça uso responsável do seu telefone móvel. Não durma com ele em casa, utilize-o só quando realmente o necessite e acostume-se a fazer suas chamadas – especialmente de longa duração – a partir do telefone fixo.

Seria interessante que os governos obrigassem as companhias de telefonia móvel a inscreverem em seus telefones uma nota igual as que aparecem nos pacotes de cigarros, advertindo sobre os perigos do seu uso.

22

Pratique o Chi Kung

O Chi Kung é uma técnica milenar de origem chinesa que ajuda a harmonizar a energia do nosso corpo, combinando a concentração e a regulação da respiração.

Esse tipo de exercício curativo tem como propósito redirecionar o chi (ou energia vital) pelos canais adequados, fundamentando-se na teoria dos meridianos energéticos.

Consta de vários movimentos suaves, lentos e harmônicos que podem ser praticados em qualquer idade.

A prática regular do Chi Kung ajuda a prevenir as enfermidades, baixa a pressão arterial, reforça o sistema imunológico e reduz os níveis de estresse.

Resulta muito útil como ajuda extra para superar traumas, já que também libera e desbloqueia em nível energético emoções de temor, raiva ou tristeza que tenham ficado armazenadas no corpo.

23

Rejuvenesça enquanto dorme

Durma de boca para cima encostado sobre as costas para neutralizar os efeitos da gravidade acumulados durante o dia.

Sabe-se que a gravidade faz com que o rosto "vá caindo", conforme vai transcorrendo o dia e que este efeito aumenta com a idade.

Um estudo realizado no Japão demonstrou que os rostos mostram rugas mais marcadas nas últimas horas da tarde do que durante a manhã, e que dormir de boca para cima reverte este processo. Dormir de boca para baixo gera pregas e rugas na pele que podem se tornar permanentes se a postura se repete noite após noite.

24

Mel para as feridas

O mel não é somente um excelente alimento, recentemente se pesquisaram suas propriedades como agente antibacteriano nas feridas superficiais como: cortes, queimaduras e sua capacidade para limpar a ferida em profundidade e prevenir que apareçam infecções.

O mesmo estudo demonstrou que as queimaduras tratadas com mel levam menos de três a quatro dias para a cura do que as tratadas com pomadas tradicionais. Além do mais, também se observou que as cicatrizes provenientes de feridas em que se aplicou o mel são menores. Se quiser comprová-lo, ponha um pouco de mel em uma gaze esterilizada, deixe-a sobre a ferida ou queimadura e mude a gaze cada vinte quatro horas.

É importante que não esquente o mel, já que este processo destrói os agentes bacterianos que contém.

25

Pratique alguma técnica de relaxamento

São muitas as diferentes culturas ao longo da História que desenvolveram métodos para pacificar a mente e alcançar um estado de harmonia interna. A prática regular de qualquer técnica de relaxamento reduz o número de batidas do coração, baixa a pressão arterial e libera uma grande quantidade de óxido nítrico na corrente sanguínea que ajuda a dilatar as artérias. Ademais, as pessoas acostumadas a relaxar reagem muito melhor diante de situações de estresse e têm menos probabilidades de afetadas negativamente. A técnica que se utilize é o menos relevante. O que importa é o efeito que obtenha. Para algumas pessoas lhes funciona meditar repetindo um mantra, para outras, visualizar praias paradisíacas e para outras, arrumar os armários ou fazer tricô. Saberá qual a sua que funciona, se, ao praticá-la, sentir que está desconectando da sua rotina e notar certo grau de relaxamento e bem-estar.

26

Um exercício dos monges taoístas
para purificar o fígado

Os aditivos contidos em certos fármacos, alimentos e comidas enlatadas, obstruem o fígado, órgão chave para os processos de desintoxicação do corpo.

Quando o fígado encontra-se sobrecarregado, as toxinas se acumulam sem possibilidade de serem expulsas, tornando-se importante depurá-lo de vez em quando.

Consegue-se isso com extratos de plantas medicinais, acupuntura, jejum ou exercícios específicos.

Segue-se aqui um exercício muito antigo que o ajudará a consegui-lo. Sente-se com as pernas cruzadas e a coluna vertebral bem ereta. Inspire pelo nariz levando o ar a seis centímetros aproximadamente por baixo do umbigo, até que note que o ventre se incha. Imagine durante alguns segundos que esse ar que inala é um fogo verde e azul procedente de um pedaço de madeira queimada. Visualize como ascende pelo ventre até o fígado para queimar e limpar todas as impurezas e enfermidade que ali se encontrem. Espire pela boca e deixe que o ventre se contraia enquanto emite o som "hu" em um tom muito baixo e imagine as toxinas indo-se com o alento e o som.

Repita o processo sete vezes seguidas.

27

Lócus de controle interno
e longevidade

Lócus de controle define-se como o traço da personalidade que atribui sua conduta a causas internas ou externas a ele mesmo.

Uma pessoa com lócus de controle interno sente-se responsável pela sua vida e sua conduta e vê seus logros e fracassos como resultado das suas ações. Sente-se capaz de crescer internamente e melhorar através do esforço e desenvolvimento das suas habilidades.

Muitos estudos demonstram que esse tipo de pessoa tem facilidade para manejar o estresse. Em alta porcentagem de centenários observou-se um elevadíssimo grau de lócus de controle interno.

28

Coma pão integral

Com o desenvolvimento técnico do século XX e o afã em prolongar a vida dos alimentos, deixou-se de incluir, em nossa alimentação, o pão feito com farinha de trigo integral e substituiu-se pelo fabricado com farinhas refinadas.

Ao refinar a farinha, tiramos do trigo a vitamina E e o selênio, dois nutrientes essenciais para prevenir as enfermidades do coração. Isto é, se atualmente tivermos um pão que dure muito tempo sem embolorar (mas que tem um escasso valor nutritivo) e também mais enfermidades cardíacas. Vale a pena?

29

Um suco de laranja dia cada

É recomendável tomar cada dia entre 75 e 90 mg de vitamina C. No caso dos fumantes ou pessoa que se encontre sob muita pressão ou estresse, a quantidade há de ser inclusive maior porque a tensão nervosa e a nicotina fazem com que essa vitamina se destrua antes de ser absorvida.

É importante tomá-la todos os dias, já que se trata de uma vitamina que não se acumula no corpo.

Tomar um copo grande de suco de laranja recém-exprimido lhe fornecerá a quantidade necessária dessa vitamina que, além do mais, exerce um papel importante como antioxidante. Mas, lembre-se de que para que conserve suas propriedades têm que ser recém-exprimido e isso não ocorre com os sucos que se encontram no supermercado!

30

Água

A água é indispensável para manter um bom estado de saúde geral. Se o corpo não está suficientemente hidratado, os radicais livres, as toxinas e os ácidos lácticos e pirúvicos começam a se acumular no corpo, obstaculizando o correto metabolismo e a queima de gorduras.

Comprovou-se que a água destilada tem uma ressonância magnética capaz de atrair as toxinas e expulsá-las do corpo.

Quanto mais mineralizada seja a água, menor será sua capacidade de atrair os dejetos armazenados no corpo, porque é água que já está "carregada".

Não consuma água de marca porque está cheia de minerais e compostos químicos indesejáveis. Tente beber pelo menos dois litros de água ao dia. Se no começo perceber que retém água e ganha peso, não se assuste: isso ocorre porque seu corpo "acredita" que logo voltará à sua rotina de beber pouco e reage acumulando--a. Isso desaparecerá quando seu organismo estiver acostumado a grandes quantidades de água e sinta-se hidratado. Neste caso, a retenção de líquidos soluciona-se simplesmente bebendo mais!

31

Jejum

O jejum é a melhor forma de liberar seu corpo de toxinas e agentes contaminantes.

Por meio do sangue, o fígado e os rins purificam os sistemas imunológicos reforçando-os.

Conforme as toxinas vão sendo eliminadas a vitalidade aumenta porque o corpo já não tem de lutar contra elas.

Nos jejuns prolongados, a partir das trinta e seis horas, notará mais claridade mental e fortaleza emocional.

Recomendo-lhe que comece com um jejum de vinte e quatro horas em que só beba água. Se quiser fazer um mais extenso, deve consultar seu médico.

32

As preocupações

Quando estamos preocupados, submergimo-nos em uma espécie de estado de paralisia que nos impede de agir e deixa-nos dando voltas à cabeça até esgotar-nos.

Às vezes, as preocupações impedem-nos de dormir, tiram-nos o apetite e inclusive podem fazer-nos adoecer. Esquecemo-nos do presente e vivemos em um futuro terrível onde nosso pior pesadelo está a ponto de se tornar realidade. Neste caso, o que mais funciona é enfrentar-se de uma vez contra o monstro que tanto tememos, fazendo-nos a seguinte pergunta: O que de pior pode acontecer se isso que tanto temo chegar a suceder?

Imagine-se na pior das situações e pergunte se isso que teme pode realmente chegar a ocorrer. Se responder honestamente a esta pergunta, na maioria dos casos se dará conta de que estava enfrentando um monstro de papel e até pode dar risada. Se, todavia vê possível que ocorra o pior, pode continuar aprofundando-se na resposta e começar a busca de algo bom que possa trazer-lhe aquilo que mais teme. Por exemplo: se o pior que crê que possa passar é perder seu emprego, faça uma lista das coisas boas que podem trazer-lhe essa situação neste momento da sua vida. Busca todo o "bom" que tem o "mal".

No princípio, não é fácil porque se trata de expandir a mente, de ver a realidade a partir de um ponto de vista diferente. Talvez se surpreenda pensando que se ficar desempregado, poderá passar mais tempo com seu filho, ou terá tempo para finalizar aquele projeto que havia deixado ao meio. Quando terminar a lista, aquilo que tanto temia o preocupará muito menos.

33

Beterraba

A beterraba, muito rica em ácido fólico, potássio, ferro, fósforo e cálcio, é excelente para a produção de glóbulos vermelhos, alivia as dores de cabeça e dos dentes, cura a obstipação, e em casos de obesidade ajuda a perder peso.

Tradicionalmente é usada para combater a anemia.

Tomada crua é um potente anticancerígeno.

34

Não atire a vitamina B pelo ralo

O grupo de vitaminas B é solúvel na água, e quando se cozinha um alimento que as contenha, as vitaminas diluem-se na água. Quando nos desfazemos dela, estamos desfazendo-nos dos nutrientes essenciais do alimento que vamos comer. Por isso, recomenda-se que os produtos ricos em vitamina B sejam cozidos ao vapor ou que utilize água da cocção para elaborar alguma sopa ou tempero.

35

Cãs

Estudos realizados pelo departamento nutricionista de Boston, demonstraram que uma deficiência de ácido para-aminobenzoico, biotina, ácido fólico e pantotênico (todos são vitaminas do grupo B) afetam a cor do cabelo.

As cãs que aparecem de forma prematura podem dever-se a uma deficiência do complexo de vitaminas B, ainda que em muitos casos apareçam por herança genética.

Em casos prematuros em que não existem antecedentes familiares, um suplemento de vitamina B e Cobre ajuda a restabelecer a cor original do cabelo.

36
Ômega 3
e DHA

Demonstrou-se recentemente que o ácido docosahexaenoico ou DHA, um tipo de ômega 3, aumenta os níveis de acetilcolina, um neurotransmissor relacionado com a memória e os estados de ânimo.

O DHA produz o efeito de um antidepressivo, reforça a memória e é útil no tratamento da enfermidade de Alzheimer.

Por outro lado, os ácidos graxos ômega 3 previnem a hipertensão e protegem os vasos sanguíneos.

O DHA e o Ômega 3 encontram-se nos azeites de certos pescados, tais quais o salmão, o bacalhau, o linguado e o mero.

37

Pratique os Cinco Ritos Tibetanos
da Eterna Juventude

Os cinco ritos tibetanos foram introduzidos no Ocidente por Peter Kelder após uma viagem à Cordilheira do Himalaia, onde observou que os lamas que praticavam esses exercícios mantinham-se extraordinariamente flexíveis e em forma. São alguns exercícios físicos muito simples que mantêm a peculiaridade de estimular os principais centros energéticos do corpo e de ajudar a que o organismo elimine com facilidade qualquer rastro de substâncias tóxicas.

Os que os praticam com regularidade reportam mudanças físicas notáveis, como melhoria da circulação, mais firmeza da pele, alívio permanente das dores do peito e costas, regeneração de tecidos e maior nível de energia e resistência.

38

Consuma só produtos procedentes de cultivos ecológicos

As terras de cultivo extensivo, tratadas com fertilizantes químicos, produzem frutas e verduras com conteúdo em nutrientes dez vezes menor do que as produzidas em terreno de cultivo ecológico.

O conteúdo em magnésio, por exemplo, é praticamente nulo nas frutas e verduras procedentes desse tipo de cultivo.

O problema é que o corpo necessita das vitaminas, do magnésio e do fósforo para poder dirigir as proteínas e os carboidratos, e se não os encontra nos alimentos que ingerimos, busca esses elementos dentro dele, obtendo o magnésio e o fósforo nos ossos e no coração e as vitaminas no fígado, nos rins e nos músculos... Esse processo em longo tempo resulta em mais deficiência de vitaminas e minerais e conduz a graves enfermidades. Além do mais, lembre-se de que muitos dos pesticidas com que pulverizam frutas e verduras são cancerígenos. A maior parte das hortaliças não procedente de cultivos ecológicos, que se encontra nos supermercados, foi colhida com semanas de antecedência (quando ainda não estava madura) e preservada com nitrogênio para que pareça fresca. Se puder, escolha sempre produtos orgânicos que não tenham sido tratados com fertilizantes, nem pesticidas e que não sejam transgênicos.

39

Alimente-se bem para
não engordar

Quando comemos alimentos com escassos nutrientes – processados de cultivos extensivos tratados com fertilizantes químicos, ou comida rápida – temos fome em pouco tempo. O motivo é que o corpo não obteve os nutrientes necessários e manda-nos um sinal – a fome – para que continuemos a alimentá-lo. Se não lhe aportamos os nutrientes que está pedindo, não importa quanta comida lixo comamos, em pouco tempo nos tornará a enviar o sinal de fome para que o alimentemos como é devido. Desta forma, gera-se um interminável círculo vicioso que conduz à obesidade. Esta é a razão pela qual, pela primeira vez na História da Humanidade, podemos ver casos de obesidade acompanhados de sintomas de desnutrição.

40

Café

A cafeína em pequenas quantidades estimula o sistema nervoso central e o metabolismo, reduz o cansaço, oxigena o cérebro, melhora a circulação, e é ligeiramente diurético. Não obstante, o café tomado em excesso aumenta o nível de colesterol, produz estresse, ansiedade, e taquicardias, e em pessoas adultas pode aumentar o risco de enfermidades cardíacas. O problema é que a tolerância à cafeína diminui com a idade, e além do mais muda de pessoa para pessoa. É muito importante conhecer nosso limite de cafeína para evitar situações de estresse e de ansiedade desnecessárias. Se observar suas reações à cafeína, poderá chegar a saber se essa xícara de café que está a ponto de tomar vai estimulá-lo ou o fará subir pelas paredes.

41

Ginástica mental

Está demonstrado que se perdem os neurônios que não são usados, e que pessoas mentalmente ativas têm mais irrigação no cérebro e maior número de conexões neuronais. É por essa razão que aqueles que desenvolvem trabalho intelectualmente desafiante apresentam menos probabilidades de padecer transtornos relacionados com a perda de memória. Os puzzles, as palavras cruzadas, as adivinhações, os passatempos, os exercícios de visão tridimensional ou de sequências numéricas, ou qualquer atividade que o exercite intelectualmente, o ajudarão a manter sua mente em forma.

42

O valor terapêutico da reflexologia

A reflexologia tal e qual a conhecemos, atualmente, origina-se de diversas técnicas usadas em antigas civilizações como a chinesa, a japonesa e a hindu. Baseia-se na aplicação de pressão em pontos reflexos situados nas plantas dos pés – também nas orelhas e nas mãos – que correspondem às terminações nervosas de diferentes zonas do corpo. A pressão exercida nesses pontos afeta a parte do corpo correspondente, revitaliza e ajuda a liberar bloqueios. O relaxamento que produz uma sessão de reflexologia acalma o sistema nervoso e melhora a circulação sanguínea, o que por sua vez aporta mais oxigênio às células e faz com que as toxinas sejam eliminadas mais rapidamente. É também muito útil para o tratamento de dores musculares muito fortes (em caso de contusões ou esmagamentos) que impedem o terapeuta de tratar a área diretamente.

43

Sons curativos

Conforme a Medicina Ayurvédica, certos sons possuem propriedades curativas pela forma como ressoam dentro do corpo. Para praticá-lo, basta sentar-se de maneira cômoda com as costas eretas, inalar profundamente e emitir o som de forma continuada enquanto exala. As vozes são apropriadas para equilibrar o corpo em nível geral. Agrada-lhe experimentar? Aspire e exale emitindo o som "aaaaa" até que fique sem ar e repita o procedimento duas vezes mais. Depois, em silêncio, concentre a atenção em seu corpo e perceba que há áreas que parecem vibrar: este é o sinal de que se está produzindo um reequilíbrio interno. O som "hum" é apropriado para estimular os pulmões e a área nasal; os sons "ya-yu-yai" para as dores de cabeça, enxaquecas e maxilares e "huh" para o ardor de estômago e a indigestão.

44

O leite homogeneizado não é leite

A homogeneização é um processo que faz girar o leite a velocidades tão altas que rompe seus grupos de moléculas. Foi criado com o propósito de que não se estragasse em poucos dias e pudesse ser armazenado durante longo tempo. Desta forma, o produto dura muito mais porque a nata já não se separa do leite, mas os grupos moleculares são tão pequenos que produzem feridas nas artérias, onde o colesterol se adere facilmente. Além do mais, também dificulta o processo digestivo. Este processo se segue realizando sem escrúpulos porque o benefício econômico que se obtém é altíssimo: o leite dura mais tempo, pode ser armazenado durante meses e já não se necessita de um leiteiro para a distribuição diária. E o certo é que para a indústria dos produtos lácteos pouco lhe importam os danos que esse processo causa no organismo, quando há um benefício tão alto de ...

45

Leia as etiquetas dos alimentos

Acostume-se a ler as etiquetas dos alimentos enlatados e recuse tudo o que leve corantes, glutamato monossódico, aspartame, gorduras hidrogenadas, potencializadores de sabor, conservantes, aromatizantes ou qualquer elemento que não saiba o que é. Mantenha presente somente que quer comprar alimentos nutritivos e não um arsenal de produtos químicos, com efeitos letais, que a indústria utiliza para que seus produtos durem mais tempo em suas estantes ou pareçam mais atraentes.

46

Pratique o Feng Shui

O Feng Shui parece magia, mas não é. A mente inconsciente entende muito bem a linguagem dos símbolos e mediante esta técnica lhe enviamos lembretes constantes das áreas que queremos melhorar em nossa vida. Desta forma, nossa mente consciente permanece muito mais aberta às trocas. Se em nossa casa há um lugar para cada âmbito da nossa vida (saúde, dinheiro, antepassados, relações, carreira profissional etc.) e potencializamos através de lembranças (fotos, velas, cristais de quartzo, moedas ou desenhos) a área que estamos centralizados em mudar, cada vez que passamos por essa parte da casa, estaremos mandando uma mensagem muito potente à nossa mente inconsciente sobre o que queremos conseguir em nossa vida. Não é necessário comprar artefatos especializados para o Feng Shui: uma moeda que chame sua atenção, colocada em lugar estratégico do seu escritório, pode ser mais efetiva para melhorar sua economia do que as três moedinhas chinesas penduradas de um laço vermelho que são vendidas a preços exorbitantes nas casas de artigo Feng Shui. A única importância é que você associe o objeto com a meta que lhe está propondo.

47

Desligue a televisão

As televisões cada vez se parecem mais com as lavadoras... Lavam o cérebro e o deixam branco, branquíssimo para que compre o que eles querem que compre. Hipnotizam as crianças – e não tão crianças – com campanhas de marketing para que consumam qualquer bobagem que se anuncie nela. Prometem harmonia, famílias felizes e diversão e glamour em troca de aquisição de determinada marca de detergentes, perfume ou biscoitos.

Uma televisão ligada contamina, em nível visual, com suas imagens violentas, em nível auditivo com os sons estridentes que tanto chamam a atenção do espectador (disparos, carros batendo, golpes, murros etc.) e emite campos de energia eletromagnética negativa que em doses elevadas produzem fadiga e letargia.

Está demonstrado que ver televisão de forma regular diminui a capacidade de concentração, porque nos acostuma a fixar a atenção durante períodos cada vez mais curtos, devido aos anúncios que têm que emitir para arrecadar dinheiro.

Esta situação agrava-se com o uso do comando a distância. Uma pessoa que assiste televisão durante duas a três horas diárias acostuma-se a concentrar-se durante os vinte minutos que duram o tempo de emissão sem anúncios e, ao longo, terá dificuldade para se concentrar durante mais tempo. No caso das crianças e adolescentes, causa-lhes muitíssimas dificuldades de se manter atenção contínua diante de um livro ou algumas anotações.

48

Rodeie-se de íons negativos

A água em movimento, os bosques e as plantas emitem grandes quantidades de íons com carga negativa que tem um efeito curativo e vitalizante. Pelo contrário, os aparatos elétricos emitem íons com carga positiva, prejudiciais à saúde e que nos fazem sentir fatigados. Recomenda-se consumo prudente desse tipo de aparatos para evitar campos eletromagnéticos e emissões de íons positivos não desejados. Certas medidas tais e quais: apagar todos os aparatos elétricos (televisão, rádio, ar condicionado etc.) que não estejam em funcionamento, não deixar as luzes da casa acesas permanentemente, ou não carregar o celular no quarto onde se dorme, ajudam a reduzir a quantidade de íons positivos no ambiente. E lembre-se de que sempre pode neutralizar os efeitos desse tipo de ambientes, carregando-se com íons negativos realizando um passeio pelo bosque, próximo de um rio, na praia etc.

49

Equinácea

Esta planta não é indicada somente para curar resfriados. Na realidade, também é muito útil para qualquer tipo de processo infeccioso.

Hoje se sabe que a equinácea ajuda a reduzir as inflamações, estimula o sistema imunológico, promove a eliminação de micro--organismos prejudiciais (certos vírus, bactérias e fungos), acelera a atividade dos glóbulos brancos, aumenta a geração de anticorpos e estimula a criação de interferon, uma proteína capaz de destruir vírus e células cancerosas. Demonstrou-se que essa planta é útil para reduzir o risco de infecções em caso de enfermidades crônicas do aparelho respiratório. Importante: assegure-se de tomar a dose adequada, e não prolongue um tratamento com equinácea por mais de dois meses seguidos.

50

Erva-Mate

Tomada em infusão tem propriedades antioxidantes (ajuda a neutralizar os radicais livres), é útil em casos de fadiga física e mental, como adaptógeno (em casos de estresse) e é mineralizante devido ao seu alto conteúdo de potássio, magnésio e manganês. Inibe o início da oxidação do colesterol, estimula o sistema nervoso central, acelera o metabolismo de açúcares e gorduras e é ligeiramente diurético e analgésico em caso de cefaleias. Em caso de hipertensão arterial, a erva-mate deve ser ingerida com precaução, e devido às suas propriedades estimulantes, o abuso pode produzir ansiedade, insônia e nervosismo.

51

Consuma de vez em quando
algum alimento probiótico

A flora intestinal exerce um labor determinante nos processos de digestão e absorção de nutrientes e impede o crescimento de parasitas intestinais, fungos e bactérias nocivos ao organismo. Se ingerimos demasiada gordura animal ou tomamos antibióticos ou anti-inflamatórios, produz-se uma variação no ph intestinal que elimina grande parte dessa flora e nos leva a absorver e assimilar de forma reduzida os nutrientes que contêm os alimentos que ingerimos. Nesses casos, é recomendável tomar algum alimento com probióticos para repovoar a flora intestinal. Não há necessidade de se recorrer a produtos caros e especiais; todos os iogurtes contêm bactérias probióticas que podem desempenhar esse labor de regeneração da microbiota intestinal.

52

Comidas à base de curry

A cúrcuma, o ingrediente que dá a cor vermelha ao tempero curry, é um potente antioxidante e anti-inflamatório. Seu uso está muito difundido no Oriente e talvez por isso os índices de certo tipo de câncer, enfermidade de Alzheimer e Parkinson sejam muito inferiores aos do Ocidente. Na Índia, é muito comum o uso de bandagens com emplastros de cúrcuma para o tratamento das contusões e traumatismo. Além do mais, é um excelente protetor hepático, ajuda a baixar os níveis de colesterol e pode ser usado como tônico estomacal.

53

Alimentos Cosméticos

A pele necessita de água continuamente, e é esse o motivo pelo que os cosméticos são, em sua maioria, formulados para ajudar a conseguir uma pele bem hidratada. Mas sabia que ingerir certos alimentos como o pepino, o melão ou os gomos aportam mais água à sua pele do que qualquer creme hidratante? Como disse Sofia Loren em certa ocasião, quando lhe perguntaram que tipo de cosméticos usava: "Os produtos que na verdade cuidam da minha pele, eu não os ponho: como-os". Por outra parte, tomar álcool em excesso ou café, ou refrescos de cola, usar certo tipo de perfumes e sabonetes e expor-se ao sol durante demasiado tempo desidratam a pele.

54

Glutâmicos

O corpo em equilíbrio é capaz de gerar seus próprios antioxidantes. O ácido glutâmico é o antioxidante endógeno mais poderoso que existe porque é capaz de neutralizar por completo os radicais livres. Os cientistas observaram que as pessoas maiores de sessenta anos com altos níveis de glutamatos têm menos problemas de saúde e de sobrepeso do que aquelas com níveis baixos desse antioxidante. Aspargos, abóbora, abacate, tomates, pêssegos e melancia são alimentos que ajudam a aumentar os níveis de glutamato no organismo.

55

Os neandertais não padeciam de osteoporose

Certos estudos no campo da antropologia demonstraram que os neandertais tinham uma densidade óssea maior do que a nossa. Não obstante, a estrutura e os componentes que formavam seus ossos eram idênticos aos nossos, com a exceção de que a porcentagem de estrôncio na massa óssea era muito superior. Com o tempo, soube-se que o estrôncio ajuda a aumentar a densidade óssea e previne a osteoporose. Pode encontrar-se nas amoras, nas framboesas, nos mirtilos, nas groselhas, nos morangos, nas amêndoas, nos cajus, nos pinhões, nas sementes de abóbora, nos pistaches e nos gergelins.

56

Os benefícios das plantas

Estar rodeado de plantas ajuda a controlar o estresse. Num ambiente de estúdio, onde várias pessoas foram expostas a situações estressantes, demonstrou-se que aquelas que falavam a respeito das plantas tinham uma alta de pressão menos significativa do que as que se encontravam numa casa sem plantas.

Também se comprovou que os pacientes operados que podem ver árvores através da sua janela do hospital recuperam-se em média, um dia antes daqueles que só veem cimento.

As plantas de interiores, além de trazerem harmonia e beleza, ajudam a purificar o ar que respiramos porque produzem oxigênio e absorvem algumas substâncias químicas danosas como o formaldeído e o benzeno. A hera, o fícus, o crisântemo e a açucena são as que têm mais capacidade para purificar o ar.

57

Pule uma refeição de vez em quando

Um estudo realizado na Faculdade de Medicina de St. Louis, Estados Unidos, demonstrou que os ratos de laboratório alimentados com 30% menos do que a média de comida viviam mais tempo, e os tecidos do seu coração mantinham-se em melhores condições.

A pesquisa indica que as pessoas que tendem a comer pouco apresentam menos açúcar no sangue, menos radicais livres e menos inflamação celular. O excesso de gordura corporal está relacionado com a aparição de certos tipos de câncer e a diabetes. Também se demonstrou que pessoas com idade inferior a 75 anos que se mantêm abaixo do seu peso têm a metade de possibilidades de padecer uma morte prematura do que aquelas que são obesas.

58

Musicoterapia

Cantar pode estimular o sistema imunológico. Um estudo realizado pela Universidade da Califórnia, revelou que os membros de corais, depois de cantarem, mostravam maiores níveis de IgA, um anticorpo muito eficaz para combater infecções. Ouvir música pode relaxar, estimular ou elevar o espírito. A música pode transmitir emoções muito poderosas. Podemos nos deixar levar por certas canções e literalmente "carregar-nos as pilhas". Há peças que ajudam a aumentar o nível de energia, como a *Marcha Militar* de Schubert ou a abertura de *Sonho de uma noite de verão* de Mendelssohn. Para ter mais claridade mental na hora de tomar decisões, experimente a música barroca de corda: Vivaldi, Albioni, Torelli... E para aliviar a depressão e o medo, Os quartetos de flauta Hayden ou *O Mar,* de Debussy.

59

Trabalhe com algo
que realmente lhe agrade

Sei que para algumas pessoas desempregadas isso pode soar-lhes impossível. Não obstante, ainda que o ideal seria que fosse um trabalho remunerado, não tem por que não ser assim. O importante é envolver-nos em uma atividade que amemos e onde possamos sentir que estamos aportando algo valioso aos demais.

Não importa qual atividade, trata-se daquilo que realmente nos preencha, e isso varia de pessoa a pessoa: narrar contos às crianças nos momentos livres, escrever uma história, pintar, fazer malabarismos, colaborar com uma ONG ou cultivar um canteiro ecológico. Se levamos a sério a atividade, num momento poderemos definir se queremos dedicar-nos profissionalmente a ela e dar o salto. Nem sempre é fácil, mas, até agora não conheço ninguém que apesar das dificuldades iniciais se tenha arrependido de fazê-lo.

60

Cuidado com as frigideiras antiaderentes

Estudos realizados em várias universidades dos Estados Unidos e da Alemanha demonstraram que quando as frigideiras com antiaderentes de teflon são aquecidas a altas temperaturas, emitem até quinze gases tóxicos com capacidade até para matar um pássaro. Apesar de não existirem demasiados estudos sobre os efeitos desse material, em longo prazo, crê-se que o aquecimento excessivo do teflon e outros materiais antiaderentes podem provocar febres, dificuldades respiratórias e dor de garganta.

61

Leia!

As pessoas que leem romances assiduamente são mais criativas porque através da leitura desenvolvem a imaginação e a concentração. Lendo, criamos cenas, lugares, paisagens com nossa imaginação (isso não acontece com a televisão, nem com o cinema) e desde a nossa perspectiva de leitor enfrentamos os mesmos problemas que enfrentam os personagens dos relatos. Por meio deles, nos aprofundamos em nós mesmos e conhecemos de primeira mão outras formas de vida e de pensamento.

Os livros nos expõem a novas interrogações, abrem-nos caminhos e ensinam-nos a viver. Na realidade, a leitura é uma das terapias vibratórias mais poderosas que existem.

Há obras para cada estado de ânimo e capazes de curar emoções negativas. Meu exemplo favorito é *Robinson Crusoé*: uma pessoa que tenha perdido tudo não ficará indiferente após a leitura dessa narrativa que nos ensina que sempre é possível começar do zero.

62

Magnésio

O magnésio, junto com o cálcio e a vitamina D, é essencial para manter os ossos fortes e em bom estado. Também neutraliza os radicais livres, ajuda a manter as articulações flexíveis, estabiliza a pressão arterial e protege contra as enfermidades do coração. Recentemente, descobriu-se que tomado com assiduidade resulta muito efetivo no caso de enxaquecas e dores de cabeça recorrentes. Na atualidade, se não se segue uma dieta com alto conteúdo de frutas e verduras, é necessário tomar um suplemento de magnésio porque os solos aportam cada vez menos quantidade deste óligoelemento a seus produtos.

63

Desenhe mandalas

A mandala é originária da Índia, mas se encontram desenhos similares em culturas de todo o mundo (índios navajos, astecas, aborígenes australianos, celtas, al-andalus etc.).

Desde séculos, desenhar mandalas é utilizado como veículo para meditar e concentrar-se. É uma forma de arte-terapia que nos conecta com nosso interior, reequilibra-nos, desenvolve a intuição e permite-nos recuperar a calma. Foram introduzidas no Ocidente por Karl Gustav Jung, que afirmou que nelas se encontram representados tanto o consciente quanto o inconsciente. Não é necessário saber desenhar para criar mandalas. Pode escolher desenhos já feitos e colori-los conforme seu estado de ânimo.

64

Ponha uma mascote em sua vida

Ter um amuleto aumenta as possibilidades de sobreviver a um enfarto. Muitos estudos demonstraram que os donos de amuletos têm menos propensão a sofrer depressões, em geral visitam menos o médico e apresentam menos problemas de hipertensão. O realmente extraordinário dessas investigações foi descobrir que em situações altamente estressantes, a subida da pressão arterial nos donos de amuletos era menos da metade do que a registrada entre as pessoas que não tinham animais de companhia. Outros estudos demonstraram que acariciar uma mascote com que se conviveu por algum tempo e com o qual se tem uma boa relação, diminui as dores intensas quando os analgésicos não funcionam.

65

Hipnoterapia

A hipnose não é mais do que um estado alterado de consciência em que as sugestões para mudar e curar se absorvem mais facilmente. Acelera a cura das feridas graves e ajuda a que as feridas cicatrizem antes do tempo comum. No caso de operações, os pacientes que são submetidos à hipnose se recuperam antes do tempo normal. Um estudo na Harvard Medical School demonstrou que os ossos dos pacientes com fraturas graves que eram submetidos à terapia da hipnose, após seis semanas do acidente, mostravam um grau de cura que se teria no transcorrer de oito semanas e meia.

66

Gotu Kola

Para a Medicina Ayurvédica, esta erva é famosa por suas propriedades rejuvenescedoras e por aportar longevidade. Dizem que revitaliza os nervos, que favorece as conexões neuronais e que ajuda a aumentar a memória, a capacidade de concentração e de atenção. Purifica o sangue, pelo que se administra em casos de psoríases e reforça o sistema imunológico. Na Índia, essa erva também é usada para melhorar as habilidades de aprendizagem nas crianças.

67

Um banho para o estresse

Tomar um banho quente é uma das formas mais rápidas e efetivas para desconectar-se de uma jornada de estresse. Dentro da banheira com a água quente a musculatura se afrouxa e se produz um estado geral de relaxamento. Pode acompanhar o banho com música relaxante, algo de aromaterapia e velas, se tem tempo e se lhe apetece relaxar mais profundamente. O importante é que nada o incomode; portanto, desligue os telefones e lembre-se de que nesse momento está tentando desconectar-se do "ruído mundano". Tenho uma amiga que acaba de abrir sua própria empresa e quando tem uma jornada de trabalho estressante e necessita desconectar-se, costuma dizer: "Vou para a Jamaica". Todos os que a conhecem, sabem que quando diz essas palavras, deixa tudo o que está fazendo, põe música relaxante, enche a banheira com água quente e sais de banho, submerge-se nela e não sai até que sinta que se relaxou. A banheira, nas suas próprias palavras, é sua Jamaica particular. Sua maneira de receber vibrações em meio a um longo dia de trabalho.

68

Gengibre

Não há nada mais efetivo do que o gengibre para prevenir as náuseas e enjoos por deslocamentos em carro ou em barco. Tomado em infusão alivia o mal-estar do estômago e favorece a digestão. Tem propriedades anti-inflamatórias, pelo que se torna útil em emplastos para o tratamento de dores nas articulações. Além do mais, em casos de congestão ajuda a que as mucosidades se dissolvam e diminui os níveis de colesterol.

69

Os perigosos antitranspirantes

Grande parte das toxinas é eliminada pela pele através do suor, e o uso de antitranspirantes impede que o corpo faça esta função. O resultado é que ficamos com as toxinas dentro do organismo e retardamos mais tempo em eliminá-las. Como se não fosse pouco, o ingrediente ativo da maioria dos antitranspirantes, o cloridrato de alumínio, penetra nos gânglios linfáticos, situados próximos das axilas, e viaja pelo sistema linfático até os peitos. Por esse motivo, associou-se durante muito tempo o uso de antitranspirantes com o câncer de mama. Por outro lado, ainda que não haja estudos determinantes que relacionem definitivamente o acúmulo de alumínio no corpo e a enfermidade de Alzheimer, tudo parece indicar que sim, é assim e como medida preventiva seria adequado abster-se de usar desodorantes e cosméticos suscetíveis de serem absorvidos através da pele e que contenham esse metal.

70

Vitamina E

Se quiser atrasar os sinais de envelhecimento esta é a sua vitamina. Reforça o sistema imunológico, regula o nível de açúcar no sangue, protege as articulações, combate a artrite e diminui o colesterol, ajuda a desbloquear as artérias, protege contra o câncer, previne de ataques do coração... Tudo isso, graças ao seu poder antioxidante. Como os demais antioxidantes, a vitamina E destrói os radicais livres, mas segundo descobertas recentes, a grande vantagem dessa vitamina é sua capacidade de terminar com os radicais livres que afetam o colesterol, o que ajuda a manter limpas as artérias. Demonstrou-se mediante alguns estudos que indivíduos com uma dieta alta de gorduras que tomavam suplementos de vitamina E, mostravam as artérias mais limpas do que aqueles que faziam a mesma dieta, mas não tomavam essa vitamina. Essa vitamina é encontrada no gérmen do trigo, nas nozes, nas amêndoas, nas avelãs, nos aspargos, nas azeitonas, nos espinafres e nas sementes de girassol.

71

Obturações com amálgama

Em alguns países já se proibiu o uso de obturações com amálgama por causa do alto conteúdo de mercúrio. Já em 1926, o diretor do Instituto Max Planck de Berlim, demonstrou com vários estudos que o mercúrio sai da obturação com amálgama e pode ser armazenado no corpo, produzindo fadiga, irritabilidade, depressão, inflamação bucal, inapetência, diarreia e catarros crônicos. Para fazermos uma ideia geral, sete obturações de amálgama contêm dois gramas de mercúrio em estado puro, uma dose mais do que a letal se fosse injetada diretamente. Se tivermos uma dessas obturações, cada vez que tomarmos alimentos muito quentes, produz-se vapor de mercúrio que passa para nossos pulmões e daí para o sangue. Algo similar ocorre quando mastigamos de forma continuada (como fazemos com os chicletes). Se tiver obturação de amálgama e suspeita que pode sofrer intoxicação por mercúrio, pode fazer-se uma prova para determinar a presença desse metal na urina. Se for assim, pode mudar suas obturações de amálgama por outras de compósito.

72

Cosméticos venenosos

A pele absorve grande parte do que pomos nela. Ninguém em juízo são iria comer cloridrato de alumínio; não obstante, quando pomos em nossa pele um cosmético com esse ingrediente, é como se o estivéramos comendo. E são muitos os que os contêm! Foram contabilizadas mais de 125 substâncias cancerígenas nos cosméticos e produtos de higiene pessoal. Leia os ingredientes contidos numa maquiagem, creme hidratante, shampoo ou desodorante e pergunte se quer que todos esses produtos químicos entrem no seu corpo, porque isso é realmente o que ocorre quando os usamos. Por sorte, existem cada vez mais alternativas sadias dentro do campo da cosmética com artigos elaborados com ingredientes naturais, além de que nos garantem que não provam seus produtos com animais. Cuidado, porém, não confie se a embalagem figura com grandes letras, algo assim como "elaborado com ingredientes naturais". Leia sempre as etiquetas e assegure-se de que os ingredientes são realmente naturais. Existem alguns despreocupados, que por razões de marketing, usam este tipo de frases para atrair os consumidores.

73

Durma oito horas

Um sono reparador é essencial para conservar a saúde física e emocional. Além de que, dormir oito horas é vital para eliminar os vestígios de fadiga da pele e ter um bom aspecto. Ainda que existam casos de pessoas que necessitem menos horas de sono, são uma minoria. Com a idade, a glândula pineal produz menos melatonina e isso pode ocasionar dificuldades na hora de conciliar o sono. Também, às vezes, durante períodos de estresse, não conseguimos descansar durante as horas de sono e levantamo-nos fatigados no dia seguinte. Neste caso, a infusão de camomila ou de macela é um sedativo de muito efeito, e tomado regularmente antes de se deitar pode ser de grande ajuda. Em casos de insônia crônica, o problema deve ser enfrentado o quanto antes. Ainda que a indústria farmacêutica tenha criado uma infinidade de sedativos, ao longo, podem gerar adicionais e deixarem de ser efetivos; não obstante, a natureza oferece sedativos, como a valeriana e a passiflora, que não têm efeitos secundários e dão muito bons resultados no tratamento da insônia crônica. A valeriana deve ser administrada com a supervisão de um médico ou farmacêutico e não deve ser tomada nunca com álcool.

74

Frutos secos

A maioria dos frutos secos contém ácidos graxos essenciais, antioxidantes, oligogênicos e pequenas quantidades de proteína. As nozes são ricas em ômega 3 e as amêndoas ajudam a reduzir os níveis de colesterol. Ainda que as pessoas com problemas de sobrepeso procurem evitá-los, por seu alto conteúdo calórico, na realidade resultam em grande ajuda para as dietas porque estabilizam os níveis de açúcar no sangue, fazendo com que se acalme o apetite e diminua a ansiedade de tomar carboidratos ou açúcar.

75

Faça um bom desjejum

Um bom desjejum dá-nos energia para toda a jornada, além do mais, temos a segurança de que no transcurso do dia vamos queimar as calorias ingeridas nele, algo que não ocorre em uma ceia copiosa. Muitos estudos mostram que as pessoas que fazem desjejuns completos são mais sadias, mais magras e vivem mais tempo. Alguns (sobretudo aqueles muito madrugadores) preferem comer apenas alguma fruta na primeira hora a fazer um segundo desjejum mais abundante no meio da manhã; pelo que parece, o efeito é igualmente benéfico.

76

Evite o consumo de sal

O sal não traz nada de positivo ao nosso organismo; pelo contrário, o sódio pode acumular excesso de água em nosso corpo, pode invadir as células e criar deficiências de potássio, causadoras de alterações na condução dos impulsos nervosos, gerando ansiedade e depressão. Além do mais, desde há muito tempo, o excesso de sódio está relacionado com a hipertensão e as enfermidades do coração.

77

Alho

Esta raiz é uma aliada no processo de redução dos níveis de colesterol e de triglicérides, além de prevenir a arteriosclerose. A L-alilcisteína, presente no alho, contém um composto que, conforme pesquisas recentes, parece ser um potente anticancerígeno especialmente eficaz para prevenir o câncer de cólon. Outro dos seus componentes, o dialildisulfeto, é um eficaz agente antibacteriano.

78
DHEA

A dehidroepiandrosterona (DHEA) é um hormônio produzido pelas glândulas suprarrenais. As enfermidades do coração, a falta de vitalidade sexual, certos tipos de disfunções imunitárias e o envelhecimento prematuro costumam vir acompanhados de níveis baixos desse hormônio. O certo é que à medida que avançamos na idade, o corpo a produz cada vez menos. Em alguns casos, os médicos receitam esse hormônio, mas também está presente – ainda que em menor quantidade – nas batatas doces e suas variedades.

79

Desfrute dos balneários

Ir a um balneário durante um fim de semana é maneira muito agradável de pôr-se em forma. Há balneários, que pelos minerais contidos em suas águas são especialmente indicados para o tratamento da artrite, da obesidade ou das enfermidades da pele, pois esses minerais são absorvidos pela pele e contribuem para aliviar as dores musculares, reforçar o sistema imunológico ou eliminar toxinas. Para aqueles que não necessitam de um tratamento específico, uma visita a um balneário oferece a oportunidade de contatar com o próprio corpo, e sempre nos ajuda a nos sentir mais saudáveis e relaxados.

80

Potássio

Este oligogênico atua como um diurético natural, equilibrando a água que se acumula no corpo quando nos excedemos com o sal. Quando existe um déficit de potássio, os pés e os tornozelos tendem a inchar-se. Além de proteger da hipertensão, ajuda a prevenir o enfarto e garante o aporte de oxigênio e nutrientes às células. As verduras verdes, as abóboras, as cenouras, os abacates, as bananas e os damascos aportam um alto conteúdo em potássio. O excesso de sal, pelo contrário, contribui para eliminá-lo.

81

Cuida do seu sistema linfático

O sistema linfático, juntamente com o sistema venoso, equilibra o aporte de nutrientes que chegam aos tecidos do corpo. Além disso, produz anticorpos e destrói as bactérias nocivas para o organismo e as células cancerosas. Um sistema linfático sobrecarregado pode ser estimulado com exercício ligeiro, bebendo grandes quantidades de água ou através de uma drenagem linfática: um tipo de massagem muito suave que trabalha sobre os gânglios e os canais linfáticos.

82

O bom do selênio

Este mineral tem propriedades antioxidantes e é necessário para que o corpo produza glutâmicos, antioxidantes endógenos. O selênio é indicado para aliviar a depressão e a ansiedade; além do mais, contribui para que a pele se mantenha elástica e previni certos tipos de câncer. As nozes do Brasil são muito ricas em selênio e duas ao dia são suficientes para garantir o aporte necessário desse mineral. Também se encontra em todo tipo de sementes, grãos e frutos secos.

83

Aromaterapia

Desde há séculos é conhecido o valor terapêutico dos aromas que desprendem dos azeites das plantas ao serem aquecidos. Dependendo da planta, a aromaterapia é efetiva para aliviar o estresse (lavanda, cravo, vetiver), a fadiga (mandarim, limão, eucalipto), induzir ao sono (lavanda), acalmar as dores musculares (sândalo, canela, menta) e também é útil em caso de depressão ligeira (gengibre, laranja, alfavaca, gerânio). Os azeites essenciais das plantas devem ser aquecidos em recipiente adequado e nunca aplicado diretamente sobre a pele. Também podem acrescentar algumas gotas na água quente da banheira, para desfrutar de um banho relaxante.

84

Sucos medicinais

Beber sucos medicinais frescos recentemente feitos (em nenhum caso de embalagens industriais) é uma forma agradável de obter energia concentrada pela grande quantidade de vitaminas, enzimas vivas, óligoelementos e minerais que aportam ao organismo. Podemos preparar sucos praticamente para cada doença ou estado de ânimo. Veja algumas sugestões: – Suco de maçã: aporta uma multidão de fito-nutrientes, sacia e diminui o risco de ataque do coração. – Suco de melão: refrescante e estimulante por seu alto conteúdo vitamínico. Se se trata de melão do tipo cantalupo, também aporta zinco e potássio. – Suco de melancia: indicado para as dietas de desintoxicação. Rico em antioxidantes e agentes anticancerígenos. – Suco de kiwi: contém grandes quantidades de vitamina C e E, é muito rico em antioxidantes. Útil em caso de enfermidade cardíaca. – Suco de ananás: rico em magnésio. Reforça os ossos, tem propriedades anti-inflamatórias e é excelente para prevenir as dores artríticas. – Suco de cenoura: contém um alto índice de betacarotenos e vitamina A. Reforça o sistema imunológico. – Suco de pepino: adequado para as dietas de desintoxicação. Ajuda a eliminar toxinas de forma rápida. Diurético.

85

Fluorescentes

As luzes fluorescentes podem causar dores de cabeça, fadiga e inclusive estresse e ansiedade. Algumas pessoas são mais sensíveis a este tipo de luz artificial tão comum em supermercados e grandes superfícies e sentem-se especialmente cansadas e com baixa energia, depois de ficarem em um lugar com esse tipo de iluminação. Por muito tempo, deprime o sistema imunológico e registraram-se casos de fobia a lugares iluminados com fluorescentes. São especialmente perniciosos se estão no lugar de trabalho, porque contribuem para aumentar o nível de estresse, desfavorecendo a concentração e o rendimento.

86

Massagens

Existem massagens indicadas para aliviar as dores musculares, reforçar o sistema imunológico, melhorar a circulação, acalmar a ansiedade ou ajudar a desintoxicar o corpo. Conforme a intensidade, os movimentos e o tipo de azeite utilizado pode revitalizar ou relaxar. Não obstante, o mais terapêutico da massagem é o tempo que nos dedicamos para estar em contato com o nosso corpo e cuidar dele. Para as pessoas com problemas na hora de aceitar o estado do seu corpo, receber uma massagem semanalmente é como uma espécie de terapia psicológica, porque através do toque terapêutico vão aprendendo a aceitar e a sentir-se cada vez melhor em sua própria pele. Não só existem massagens para os músculos, há técnicas como a terapia sacrocranial que trabalha nos tecidos adiposos e fáscias e é muito eficaz para tratar problemas e dores emocionais.

87

Zinco

O zinco está presente em todo o corpo, ainda que majoritariamente nos ossos, já que se encarrega de manter a densidade óssea e é essencial para metabolizar carboidratos e vitaminas. A metade da população tem os níveis desse metal abaixo do que seria conveniente, e essa deficiência se traduz na perda de agudeza visual e de cabelo, assim como em cicatrizações lentas. Tomar alimentos com alto conteúdo em zinco ou suplementos de zinco ajuda a revitalizar a glândula timo, o que garante um bom funcionamento imunológico. Os suplementos de zinco também são úteis para o tratamento do resfriado, tosse, congestão nasal e dor de garganta. Encontra-se presente em grandes quantidades nas ostras, mas também pode obter-se em outros mariscos, nas nozes e nas sementes de abóbora.

88

Suplementos vitamínicos assimiláveis

As vitaminas que mais bem assimilamos são as que estão presentes nos alimentos. Não obstante, em certas ocasiões pode ser necessário aumentar sua ingestão com algum suplemento. Ao se decidir tomar vitaminas extra em pastilhas, escolha aquelas que o corpo pode assimilar, como as cápsulas de concentrados de frutas desidratadas (goji, acerola, amoras) que além das vitaminas fornecem-lhe enzimas da planta necessárias para assimilá-las. Evite sempre as vitaminas produzidas quimicamente em laboratórios.

89

A meditação

Quando meditamos observamos como nossos pensamentos passam pela mente, e com a prática deixamos de nos identificar com eles. Vemos os pensamentos como se fossem gotas de chuva ou copos de neve, quer dizer, algo alheio a nós. Essa não identificação com nosso processo mental permite-nos sair do círculo vicioso de pensamentos, emoções e reações a que nos vemos submetidos durante quase todo o tempo, o que em termos de saúde se traduz em menos estresse. Deixamos de atuar automaticamente ante certos pensamentos que antes nos causavam dor ou sofrimento. Por meio da meditação, descobriu-se que você não é a mente pensante, passa a ser o observador dessa mente. Isto conduz ao despertar de uma consciência ampliada em que os pensamentos já não são vistos como dogmas ou realidades inquestionáveis. Então, podemos perguntar-nos por que estão aí, se vale a pena seguir crendo neles ou não. Não importa a técnica de meditação que empregue: sempre que observe seus pensamentos e não creia neles, nem reaja a eles, estará meditando. Isto pode ser feito enquanto caminha, sentado na sua poltrona favorita ou na postura da flor de lótus.

90

Aloe Vera

Esta planta vem sendo usada desde séculos para o tratamento de queimaduras, feridas e pequenos cortes. Alguns estudos mais recentes demonstraram que além do mais, é um eficaz depurador e tonificante, e que também podemos beneficiar-nos das suas propriedades cicatrizantes para o tratamento de úlceras e certos problemas gastrointestinais se bebemos o seu suco. Por seu alto conteúdo em vitaminas (B1, B2 B3 B6, E, C), minerais (cobre, magnésio, ferro e cálcio) e aminoácidos, está indicada para as dietas depurativas de desintoxicação. A aloe também é eficaz para eliminar as manchas na pele que se produzem pela idade. Para isso, aplique o suco sobre a mancha durante um mês aproximadamente até que desapareça. Pode cultivar a aloe na sua casa dentro de um vaso de barro, e se sofre uma ferida ou queimadura basta cortar uma folha e aplicar o líquido esfregando-o suavemente sobre a pele.

91

Luz solar

Nosso corpo necessita da luz do sol para sintetizar certas vitaminas e encher-se de energia. Se passamos muito tempo sem que nos dê o sol é mais provável que terminemos debilitando--nos e nos deprimindo. De fato, tomar o sol moderadamente é uma terapia que melhora o estado de ânimo e reforça o sistema imunológico. Quando falo de tomar sol, não me refiro a deitar-se na areia da praia com 40ºC à sombra, durante os meses de verão para pôr-se como um caranguejo – nesse caso seria pior o remédio do que a enfermidade – mas permitir que recebamos a luz do sol moderadamente, enquanto passeamos ou realizamos qualquer atividade ao ar livre e sim, também, deitemos na areia à primeira hora da manhã ou na última da tarde, quando os raios são mais fracos e agradáveis.

92

Schizandra chinesis

Esta planta é o "cura tudo da medicina tradicional chinesa", mas sua fama no Ocidente se deve a suas propriedades para proteger e regenerar o fígado. Também ajuda a reduzir o impacto do estresse porque aumenta a resistência do corpo quando nos vemos submetidos a circunstâncias adversas ou debilitantes tais e quais: insônia, dores de cabeça, crises emocionais ou excesso de trabalho. Estudos mais recentes demonstraram que ajuda a aumentar o rendimento acadêmico e a memória, aguça os reflexos e a visão e é útil em casos de depressão leve.

93

Azeite de oliva

Realizaram-se muitos estudos que demonstram que o azeite de oliva ajuda a prevenir as enfermidades cardiovasculares, reduz os riscos de ataques do coração, diminui os níveis de colesterol e triglicérides, assim também o risco de contrair câncer de próstata e de mama, evita o crescimento de tumores, diminui a pressão sanguínea, favorece a absorção mais efetiva dos nutrientes dos alimentos e mantém a pele hidratada. O ácido oleico que o azeite contém ajuda as membranas celulares a se manterem fluidas, e é um potente anti-inflamatório garças aos outros ácidos graxos essenciais que o acompanham. Além de tudo, um dos ingredientes do azeite de oliva, o hidroxitirosol, é um importante antioxidante com capacidade para retardar o processo de envelhecimento da pele, cabelo e unhas. Para poder beneficiar-nos dos antioxidantes, o azeite deve ser extraído mediante pressão a frio sem aplicar produtos químicos nem calor.

94

Evite comer pescado procedente
de fazendas de peixe

A maioria dos pescados, procedentes de viveiros, são alimentados com ração de soja transgênica. Ao viverem aglomerados em espaços reduzidos, em condições pouco higiênicas, esses pescados são muito propensos a adoecer, pelo que se tem de administrar-lhes antibióticos e medicamentos com a comida para prevenir enfermidades; em alguns casos também se lhes injetam pigmentos para que apresentem uma cor saudável. Tudo isso pode torná-los muito tóxicos. Além do mais, é sabido que estão sendo realizados experimentos no campo da manipulação genética com algumas espécies, para acelerar seu crescimento e engorda.

95

OPC

Este é o nome de um antioxidante muito indicado para o cuidado da pele que se encontra nas sementes de uva. Protege o colágeno e os vasos sanguíneos contra os radicais livres e ajuda a manter a saúde das veias e artérias, combatendo as enzimas que atacam e destroem o colágeno e a elastina, pelo que resulta muito útil para o tratamento de varizes, problemas cardiovasculares, e sempre que se queira reforçar o tecido dos vasos sanguíneos.

96

Domine seu estado emocional
com os condutos nasais

Sonha raramente? Verdade/ Não obstante, há uma técnica ayuvérdica de mais de dois mil anos de antiguidade baseada no domínio dos dutos nasais com a qual podemos serenar-nos ou estarmos mais ativos, à vontade. Ocorre porque os condutos nasais têm poder de ativar os hemisférios cerebrais. O conduto nasal direito ativa o hemisfério esquerdo, encarregado do pensamento lógico. Respirar por ele nos induz à ação e prepara o corpo para as tarefas que exigem mais atividade. Pelo contrário, o conduto nasal esquerdo ativa o hemisfério cerebral direito, o do pensamento espacial. Quando respiramos por ele, sentimo-nos mais relaxados, abertos e intuitivos. Sabendo disso podemos "desobstruir" à vontade o conduto nasal para ativar o hemisfério cerebral correspondente com o fim de induzir o estado que desejamos. Se observar bem, há um conduto nasal mais aberto do que outro. Isso nos dá uma ideia de qual hemisfério cerebral está predominando nesse momento. Quando for dormir observe que o conduto nasal direito está aberto e o esquerdo obstruído, é muito provável que não durma porque o seu hemisfério cerebral esquerdo (o da ação e do pensamento lógico) está ativo. Se se encontra diante da mesa de trabalho com um montão de papéis e tarefas por fazer e seu conduto nasal direito está entupido e o esquerdo aberto, seguramente adormecerá ou trabalhará com um ritmo muito lento. Para abrir o conduto nasal entupido, deite-se de lado com o conduto nasal fechado na parte de cima (se quiser desentupir o esquerdo, deite-se sobre o lado direito). Também é eficaz estimular o conduto nasal fechado com um papel, assoando-se por ele.

97

Gabirobas

Tradicionalmente, esta fruta foi usada para tratar infecções de bexiga por ter propriedades antibacterianas e ser rica em vitamina C, o que ajuda a combater infecções. Ademais, a gabiroba é a fruta com mais quantidade de antioxidantes e em especial com maior nível de um tipo de flavonoides que ajudam a aumentar a produção do glutamato, o antioxidante endógeno. Vários estudos demonstraram que estes antioxidantes contidos nas gabirobas têm propriedades rejuvenescedoras para o cérebro porque melhoram as funções neuronais e previnem as enfermidades associadas com os transtornos da memória. Também é útil para aliviar sintomas da ressaca. As gabirobas ajudam a reduzir a taxa de cortisol, que provoca baixos níveis de dopamina, o hormônio associado com o prazer e a mobilidade, pelo que também são úteis no tratamento das depressões leves.

98

A respiração diafragmática

Este tipo de respiração produz uma ligeira expansão do diafragma e tem um efeito relaxante e tranquilizador sobre o sistema nervoso autônomo. É útil praticá-la quando estamos nervosos ou angustiados, porque seus efeitos relaxantes são imediatos. Consegue-se, dirigindo-se ar para o diafragma (na parte média do torso, entre o abdômen e o peito) sem permitir que baixe o abdômen. O estômago não deve ir para fora quando inspiramos e a caixa torácica inferior há de dilatar-se para os lados para que o diafragma se expanda em diâmetro. Um truque para conseguir que o ar não baixe até o estômago é contrair os músculos abdominais ou pressionar sobre o abdômen para que não se expanda.

99

Ácido alfalipoico

Esta coenzima descoberta em 1951 é conhecida também com o nome de "antioxidante universal" por proteger duplamente o interior e o exterior da célula, neutralizando os radicais livres. Além do mais, estimula a produção de energia na célula, bloqueia a criação de enzimas que atacam o colágeno, protege contra o câncer e acelera a eliminação do açúcar do sangue, pelo que é indicado como tratamento complementar em caso de diabetes e também dos danos ocasionados por esta enfermidade, porque aumenta o fluxo de sangue até os nervos. Por suas propriedades para proteger a pele contra inflamação produzida pelos radicais livres e por ajudar a remodelar o colágeno, é também muito útil para prevenir o envelhecimento cutâneo e o tratamento de cicatrizes.

100

Evite comer carne de criadouro

Os animais procedentes de criadouros são maltratados com hormônios de crescimento artificiais para que fiquem maiores. Todavia, ainda não há estudos concludentes, tudo indica que o consumo desse tipo de carne está relacionado com casos de puberdade precoce, obesidade infantil e alguns tipos de câncer. Ademais, como vivem aglomerados em lugares muito pouco higiênicos, é necessário administrar-lhes antibióticos e medicamentos junto com a comida para que não adoeçam (devido a isso, vários grupos de bactérias tornaram-se resistentes aos antibióticos que lhes aplicam) e naturalmente toda essa quantidade de produtos químicos passa para nosso corpo quando ingerimos esse tipo de carne. Se não fosse pouco, esses animais são alimentados com rações fabricadas com cereais transgênicos (às vezes, inclusive com rações feitas com animais enfermos, como ocorreu no caso das vacas loucas) cujas repercussões sobre a saúde, todavia, se desconhecem.

101
Em casos de depressão – convide-a

Um estado depressivo pode ir desde uma tristeza e melancolia leves até uma total incapacidade para se enfrentar a rotina diária acompanhada de profundos sentimentos de falta de valia, transtornos do sono e ansiedade.

A depressão pode ser um estado extremamente doloroso. Não obstante seja também um valioso sinal de alarme que nos convida a revisar os pilares e as crenças sobre os quais se assenta nossa vida. Indica-nos que há algo em nossa forma de entender a vida que não está funcionando e que temos de mudar, se quisermos sentir-nos bem. Em casos de depressão leve, não é necessário recorrer aos fármacos, e vale a pena deter-nos e tentar entender o que nos ocorre. Mas, quando se trata de uma depressão que nos incapacita para continuar com nossa vida, é recomendável seguir um tratamento com fármacos junto com algum tipo de terapia psicológica.

Existem alternativas naturais aos fármacos antidepressivos que parecem atuar com a mesma eficácia deles: o hipérico, o 5 HTP (5 hidroxitriptófano, obtido da planta Griffonia simplicifolia) ou o E-epa (um componente do azeite ômega 3). Atenção: o 5 HTP e o hipérico jamais devem ser tomados junto com os antidepressivos convencionais. Em qualquer caso, nunca se deve desconsiderar uma depressão. Lembre-se de que é uma voz de alarme que nos convida a refazermos nossa vida.

Lançar-se a tomar fármacos até que a sintomatologia desapareça pode funcionar durante um tempo, mas se não recorrermos a algum tipo de terapia psicológica para averiguar o que nos sucede, voltaremos ao mesmo estado inicial quando deixarmos de ingerir os fármacos. Milhares de pessoas mudaram suas vidas positivamente e atreveram-se a fazer de sonhos realidade, ouvindo o que a depressão lhes tinha a dizer. Deixaria passar essa oportunidade?

102

Azeite de borragem

Esse azeite é usado tradicionalmente para prevenir as rugas e as estrias na pele. Pelo seu alto conteúdo em ácidos graxos essenciais – o ácido gama-linoleico e o ácido linoleico, precursores dos fosfolipídios que formam as membranas celulares – está muito indicado para nutrir e recuperar a hidratação da pele em casos de descamação, ressecamento e unhas frágeis. Também ajuda a regular o metabolismo e o sistema hormonal.

103

Anti-inflamatórios naturais

O harpagófito é uma planta muito útil em caso de inflamações articulares por suas propriedades anti-inflamatórias e calmantes. Pode administrar-se diretamente sobre a pele em forma de emplastros ou tinturas, ou oralmente em comprimidos ou cápsulas. A glucosamina também demonstrou ser muito eficaz para o tratamento da artrite e osteoartrite, porque nutre a articulação ajudando a que se regenere. Vários estudos realizados com pacientes com escassa mobilidade nas articulações e fortes dores devido à osteoartrite reportaram uma grande melhora depois de ingerirem um suplemento de glucosamina durante seis semanas.

104

Ante o sofrimento e a dor

A dor, tanto física quanto emocional, é algo inevitável. Sentimos dor física no caso de enfermidade ou acidente e emocional quando perdemos um ser querido ou enfrentamos uma tragédia. O sofrimento, não obstante, é algo que podemos evitar. Sua raiz está em desejar que as coisas sejam diferentes do que são. Se pelejamos com a realidade, com o que é, porque a realidade leva todas as chances de ganhar. No caso da dor física, o sofrimento surge quando queremos que desapareça e se vá. Podemos fazer o que esteja ao nosso alcance para aliviar a dor, logicamente, mas a realidade é que irá quando tiver de ir-se: nem antes, nem depois. De nada nos serve desejar que a dor desapareça, quando já fizemos todo o possível para aliviá-la, porque isso nos conduz ao sofrimento. Então, à dor que já temos, estaremos acrescentando sofrimento. Conviver com a dor é muito mais simples do que sofrê-la.

Em nível emocional também sofremos quando desejamos que as coisas sejam diferentes do que são: queremos que volte essa pessoa que se foi, desejamos que nosso lar volte a ser como antes e que nada houvesse mudado. Se estamos falando de situações irreversíveis, todo esse sofrimento é vão: sofrer não vai mudar a realidade. O que podemos fazer? A chave reside em nos abrir ao que é, neste caso à dor, sem escapar, sem desejar que as coisas sejam diferentes do que já são. A isso se lhe chama aceitar a realidade e sim, estaremos vivendo a dor, presentes e despertos, sem sofrimento extra. Em alguns casos é extremamente difícil aceitar a dor, e podemos cair de novo no sofrimento. Nesse caso, podemos começar pouco a pouco. Inclusive se admitimos que não somos capazes de aceitar a dor, já estamos dando um grande passo em direção contrária ao sofrimento.

105

A rica mandarina

Esta fruta muito apreciada no Império da China Celeste era oferecida aos conselheiros dos imperadores. Acalma as dores estomacais, estimula a função gástrica e hepática, é tônica e antisséptica. Ingerida de forma assídua dá muito bons resultados com as crianças pequenas quando estão nervosas, por suas propriedades ligeiramente sedativas, e também é indicada para as pessoas que padecem de celulite e retenção de líquidos, por suas qualidades para melhorar a circulação linfática e reabsorver os líquidos dos tecidos. Seu azeite, vaporizado no ambiente onde se dorme, é muito relaxante e ajuda a induzir o sono. Aplicado sobre a pele a estende e tonifica.

106

Utilize palmilhas magnéticas
ou joia imantada

A terapia magnética é muito útil para aliviar a dor, atrasar os sintomas de envelhecimento, melhorar o sono e os estados de fadiga e estresse porque aumentam a energia. Além do mais dizem que ajuda a alcalinizar o corpo. Usar palmilhas magnéticas nos pés ajuda a energia a fluir bem mais pelo organismo. Pode prová-lo por si mesmo se puser palmilhas nos pés durante alguns segundos, faça força com os braços juntos e estendidos para diante, e peça a alguém que faça o mesmo em sentido contrário. Notará que usando as palmilhas não necessita fazer tanta força para manter os braços na mesma posição.

107

Não leve nada demasiado a sério

Nenhum dos conselhos anteriores teriam valor se os convertêssemos em dogmas. Nesse caso, este livro tão só serviria para acrescentar mais estresse às nossas vidas e essa não é minha intenção. Poucas coisas são mais nocivas do que se obrigar a seguir algo à risca. Obcecar-se em seguir uma dieta, uma alimentação saudável ou uma tabela de exercícios, a qualquer preço, e passe o que passe, é uma forma de violência contra nós mesmos – geralmente ocasionada por uma falta de aceitação – que pode desencadear complexos problemas psicológicos como a ortorexia (obsessão pela comida sã), a vigorexia (pelo exercício físico), a anorexia ou a bulimia.

Se de vez em quando lhe apetece um alimento "pouco saudável" rico em sal, açúcares ou gorduras, dê-se a este capricho: coma-o e desfrute dele tudo o que possa! Quem sabe? Talvez esteja lhe proporcionando um tipo de prazer que necessite sentir nesse momento, e posto numa balança compense a ingestão de toxinas. Experimente o que é que sente quando o come, e passadas algumas horas, após a digestão. Note os efeitos no seu corpo. Talvez perceba certo torpor, peso ou irritabilidade.

Averigue se o prazer inicial de comê-lo vale a pena: Talvez, sim! Você tem a resposta. Simplesmente observe, porque é esta observação o que pode fazê-lo mudar de hábitos, quando conscientemente possa dizer "não vou comer este tipo de alimento ou não vou fazer isso porque me produz essa reação que não quero voltar a experimentar" ou "vou seguir comendo porque me faz sentir feliz, mas só de vez em quando porque não me agrada a fadiga que sinto depois", e não os dogmas autoimpostos. Escute seu corpo quando lhe diz o que quer e o que não quer: não há nada que possa substituir a experiência.

108

Sinta suas emoções

Vivemos numa sociedade que valoriza o intelecto, mas que despreza as emoções taxando-as de irracionais. Não obstante, estar atentos ao que sentimos é essencial para sentir-se bem. A raiva, a ira e o enfado acumulados podem gerar desde fadiga até patologias mais graves. As emoções não são mais do que energia que se manifesta através do corpo e se as reprimimos, estaremos reprimindo nossa própria energia. Bloqueamos nossas emoções quando queremos oferecer aos demais uma imagem distinta do que somos.

Se, por exemplo, tentamos oferecer aos demais uma imagem de pessoa de sucesso, bloqueamos automaticamente todas as emoções que não encaixem com a ideia que queremos representar. Dessa forma, deixamos de nos expressar com franqueza e perdemos nossa espontaneidade. Com o tempo, deixamos de saber o que é que sentimos realmente. Para romper esse círculo vicioso, o primeiro passo a ser dado é valorizar nossos sentimentos. Qualquer sentimento que tenhamos é legítimo, porque é nosso. Não existem sentimentos "bons ou maus", mas tendemos a taxar de incorretos os que não concordam com a imagem que queremos oferecer ao mundo.

Quando não dependemos da aprovação dos demais, e não nos empenhamos em oferecer uma determinada máscara para encaixar na sociedade, começamos a nos permitir qualquer sentimento e valorizá-lo. Quando nos tornamos donos dos nossos sentimentos e nos atrevemos a experimentá-los, enchemo-nos de energia e vitalidade porque já não estamos pondo barreiras ao que somos.

109

Pratique o método Pilates

Este método diferencia-se de outras formas de exercício por seu enfoque holístico que, combinando a mente e o corpo, tem por objetivo lograr uma postura correta e liberar-se das tensões e do estresse físico e mental. Enfoca-se em alargar os músculos estreitos e reforçar os mais fracos, melhorar o movimento, estabilizar o corpo, trabalhar com a respiração, relaxar a mente e compreender a mecânica do corpo através do exercício consciente, quer dizer, utilizando conjuntamente a mente e o corpo em cada um dos movimentos. Conforme Pilates, o movimento consciente faz trabalhar nossas células cerebrais. Como muitos dos problemas posturais tem uma origem emocional, quando, através de uma sessão de Pilates, tornamo-nos conscientes de determinada postura e a trabalhamos com a respiração, estamos trabalhando também a emoção bloqueada, responsável por esse problema físico.

110

A correta localização da cama

O mais aconselhável para nos assegurar um sono reparador é colocar a cama com a cabeceira para o norte e os pés para o sul. Dessa forma, alinhamos o campo magnético do corpo com o da Terra. Também resulta útil que a janela da habitação onde dormimos esteja orientada para o leste, porque assim a luz solar nos ajudará a despertar melhor, e que a casa esteja bem ventilada, porque enquanto dormimos, consumimos grande quantidade de oxigênio. É importante nos assegurar de que a cama não esteja próxima a correntes subterrâneas de água ou a radiações terrestres, porque impedirão que relaxemos e que descansemos plenamente.

111

Vida social

Talvez esteja perguntando como pode relacionar alguns hábitos de vida saudável com sua vida social. Mas, a realidade é que optar por se cuidar não se opõe a sair com os amigos. De fato, ter uma vida social satisfatória é tão importante para a saúde como cuidar da alimentação. Existem sempre opções saudáveis; se quiser tomar algo numa cafeteria pode escolher entre água mineral (a opção mais saudável), cerveja que não contenha conservantes (há muitas), vinho tinto, sucos naturais recém-exprimidos, chá verde, infusões sem açúcar ou café. Lembre-se de que a opção menos saudável são os refrescos enlatados pela quantidade de conservantes químicos que levam, e em especial os do tipo light que contêm aspartame.

112

Terapia do calor

Conforme a medicina dos orientais, um obstáculo no fluxo de energia vital (também chamado Ki) é traduzido em mal-estar e enfermidades. Uma maneira de restabelecer esse fluxo é através da moxibustão e outas terapias de calor como a massagem com pedras quentes. No caso da moxibustão, o terapeuta aplica a moxa nos principais canais e pontos energéticos que se usam na acupuntura. Além de tratar-se de terapias muito agradáveis e relaxantes, os efeitos revigorantes podem notar-se quase de imediato. A moxibustão é também muito útil em caso de insônia. Uma forma de praticar uma terapia de calor caseira, se não se pode dormir, é usar a tradicional bolsa de água quente nos pés. Demonstrou-se que pessoas afetadas com problemas de insônia melhoram a qualidade do seu sono se mantiverem os pés quentes.

113

Batata para a artrite
e a eczema

Um emplastro fraco preparado com batatas é muito útil para o tratamento de eczemas e para aliviar a inflamação provocada pela artrite. Precisa somente cozinhar as batatas e preparar com elas um purê espesso. Distribua o purê sobre uma gaze e ponha na parte do corpo que queira tratar. Tenha cuidado de que não esteja demasiado quente ao aplicá-lo.

114

Remédios naturais para as dores menstruais

Uma dieta rica em ácidos graxos ômega 3 e magnésio resultam muito eficazes no tratamento deste tipo de dores. A acupressão, uma prática baseada nos mesmos princípios da acupuntura, mas que em lugar de agulhas utiliza-se a pressão exercida com os dedos, é também muito útil. Existe um ponto de acupressão que está especialmente indicado para o alívio das dores menstruais. Encontra-se entre o tornozelo e a panturrilha, na parte interna da perna (não na tíbia), aproximadamente a quatro dedos do osso que sobressai do tornozelo. Precisa somente pressionar durante três minutos, aumentando a pressão gradualmente, mas sem que chegue a resultar doloroso.

115

Fo-ti

O fo-ti é uma planta originária da China, cujo nome significa "o homem do cabelo negro". Na China vem se usando tradicionalmente um tônico elaborado a partir da raiz dessa planta para casos de envelhecimento prematuro, cãs, problemas de fígado e rins, fadiga e impotência. Estudos mais recentes demonstraram que é muito útil para baixar os níveis de colesterol, reduzir o enrijecimento das artérias e melhorar o sistema imunológico.

116

Nozes e sementes que equilibram o temperamento

Um recente estudo demonstrou que as nozes, cajus, avelãs e amêndoas fortalecem a função cerebral, ajudam a pensar mais claramente e equilibram o temperamento. Deve-se isso ao seu alto conteúdo de ácidos linoleicos e alfa-linoleicos, vitaminas E, B6 que são uma excelente fonte de nutrição para o sistema nervoso. Além de aclarar o pensamento, parece que esses ácidos graxos também contribuem para que nos sintamos com mais humor.

117

O que se deve saber sobre o ginseng

O ginseng é uma planta maravilhosa para aumentar o nível de energia e resistência. Não obstante, há de se considerar que seu uso prolongado faz com que o sangue se torne menos denso. Não se recomenda a ingestão de ginseng quando se está recebendo medicamento para o coração, para hipertensão ou diabetes. Tampouco deve ser administrado, se estiver tomando o hipérico, 5 HTP ou antidepressivos IMAO. Ao consumir café habitualmente, deve-se ter em mente que cafeína e ginseng podem produzir irritabilidade.

118

Olheiras

A presença de olheiras pode indicar deficiência vitamínica ou problemas respiratórios. Se dormir bem e tiver olheiras, é recomendável que faça exames até ver de onde provêm. Se são apenas olheiras produzidas por falta de sono, pode diminuí-las com a seguinte receita: rale uma batata crua, ponha a massa ralada dentro de duas gases e deixe-as nas pálpebras durante quinze minutos. Notará que a pele ao redor dos olhos torna-se mais tersa e com melhor cor. Um creme caseiro preparado com a infusão de maçã bem fria, mel, pepino ralado e aloe vera, aplicado mediante ligeira massagem na área das pálpebras, é também muito eficaz.

119

Um coração solitário vive menos

Muitos estudos demonstraram que as pessoas que vivem sós têm expectativa de vida menor do que as que vivem em família ou com seu parceiro. Isso tem sua explicação porque alguém que se sente útil preocupa-se com os demais e sabe que é querido e apoiado no seu entorno, tende a cuidar-se mais. Aportar algo, sentir-se útil e conectado aos demais é a chave para ter um coração saudável. As pessoas que se sentem isoladas costumam cair mais facilmente na depressão e em hábitos nocivos que as fazem esquecer temporariamente sua solidão, como o tabaco ou o álcool.

120

Cálcio

O cálcio é necessário para manter os ossos fortes e prevenir a formação de pedras nos rins. E mais, ajuda a prevenir o câncer de cólon e de mama, baixa a tensão arterial e previne o enfarto. Recomenda-se uma ingestão diária de mil miligramas de cálcio. O queijo, as sardinhas, os espinafres, o tofu, os feijões, os brócolis, as cenouras e as amêndoas são alguns dos alimentos mais ricos nesse elemento. Se nossa dieta não contiver suficiente cálcio, necessitaremos tomar um suplemento. O problema é que muitos dos comprimidos que são vendidos como suplementos de cálcio não são absorvidos pelo corpo. Para saber que o cálcio que comprou vai ser absorvido, pode fazer a seguinte prova: dissolva a pastilha com cálcio num copo com vinagre na temperatura ambiente e mexa durante três minutos. Se passados trinta minutos a pastilha não estiver diluída, significa que seu corpo não a assimilará e terá de buscar outro suplemento que se dissolva.

121

Creme de capsaicina

A capsaicina é o ingrediente ativo que se encontra nas pimentas-malaguetas e nas pimentas de caiena que faz com que sejam picantes. O creme elaborado com este ingrediente é muito eficaz para aliviar dores e irritações porque reduz os níveis de substância P, um neurotransmissor da dor, insensibilizando a parte tratada. O creme de capsaicina revelou-se muito eficaz para o tratamento da dor local no caso de bursites, dor nas costas, artrites, prurido, dor pós-operatória, osteoartrite e fibromialgia.

122

Vitaminas para a vista

A luteína, um tipo de caroteno que se encontra nos espinafres, na couve crespa e nos brócolis, é um antioxidante que neutraliza os radicais livres que prejudicam a vista e nos oferece grande ajuda para manter a saúde dos olhos. Vários estudos demonstraram que as pessoas com dieta rica em luteína têm menos probabilidades de sofrer problemas de degeneração macular. A luteína na retina atua como uma espécie de filtro de sol natural, absorvendo os raios azuis do sol, o tipo de luz mais nociva à vista.

123

Constelações familiares

Este tipo de terapia desenvolvida por Bert Hellinger põe em aberto importantes tensões e conflitos dentro do seio familiar que até o momento permaneciam ocultos e que ao sair à luz podem ser solucionados com facilidade. É muito simples para esclarecer padrões de conduta repetitivos dentro da família (aumento, enfermidades, abandono de lar etc.) ou predisposição ao fracasso por parte de alguns dos seus membros. De acordo com Bert Hellinger, isso acontece porque os filhos, de forma inconsciente, mantêm-se fiéis à tradição familiar oculta, e interiormente não se atrevem a ser mais felizes ou bem-sucedidos do que os seus progenitores. Assim, os filhos, "herdando" certas crenças e sentimentos nocivos reproduzem o destino dos seus pais. Se decidir participar de um grupo de constelações familiares, assegure-se de que o "constelador" é um terapeuta experimentado. Como ocorre com qualquer tipo de terapias emergentes, existem pessoas sem escrúpulos, que com escassos conhecimentos e a mínima preparação se lançam ao exercício terapêutico, causando mais problemas do que benefícios aos seus pacientes.

124

Produtos de limpeza para o lar

A maioria dos produtos de limpeza para uso doméstico, que se pode encontrar em supermercados ou drogarias, contém elementos químicos sintéticos que são tóxicos. Além de toda a grande variedade de produtos e marcas de limpeza, apenas 10% deles foram testados para assegurar que não causem efeitos nocivos sobre o sistema nervoso. Lembre-se de que nunca deve misturar a água sanitária com outros produtos de limpeza tais e quais amoníaco ou desinfetante, porque suas emanações resultam muito tóxicas. A tradicional mescla de vinagre, água e sabão é segura e mais eficiente para limpar toda casa. Para superfícies mais sujas pode usar bicarbonato ou suco de limão. Em lugar de um limpa-cristais comercial, pode empregar água com um pouco de álcool e sabão. Para pisos de madeira, água com um pouco de vinagre. O vaporeto é também uma forma eficaz e não contaminante de limpar sua casa. Também existem produtos de limpeza ecológicos que não contêm fosfatos, almíscares artificiais ou componentes químicos tóxicos.

125

PVC

Este material altamente tóxico está presente em tubulações, janelas, recipientes de (produtos de limpeza, cosméticos, água, refrescos etc.), assoalhos, brinquedos, calçados desportivos e algumas embalagens das mais comuns. No seu processo de fabricação e no de eliminação, libera grande quantidade de dioxinas, uma substância muito contaminante e prejudicial para a saúde e o meio ambiente. No caso do PVC brando e flexível também contém ftalatos, substância tóxica que pode causar alterações graves no sistema endócrino.

126

Inositol para os ataques de pânico

O inosital, também chamado vitamina B8, é um componente essencial das membranas celulares, que se encontra basicamente em forma de fibra com o nome de ácido pítico em legumes, cítricos, nozes, grãos e sementes. Como suplemento, podemos encontrá-lo à venda sob a forma de monofosfato de inositol. O inositol mantém os níveis de serotonina, e vários estudos demonstraram que é útil para reduzir a frequência e a intensidade dos ataques de pânico no caso de fobias e transtornos de ansiedade generalizados. Demais, não produz nenhum tipo de efeitos secundários.

127

Pimenta malagueta para o catarro e a congestão nasal

Em caso de catarro, congestão nasal e bronquite, as pimentas malaguetas são úteis para abrir as vias respiratórias, além de atuarem como um potente expectorante natural. A capsaicina que contém a pimenta malagueta fomenta a secreção na garganta e nos brônquios, fazendo com que o muco fique mais fluído e possa expectorar-se facilmente. Outras pesquisas realizadas na Alemanha demonstraram que as pessoas que consomem pimentas malaguetas e pimentas picantes, regularmente, sofrem menos problemas de formação de trombos e coágulos do que a média.

128

Azeite de linho

O azeite de linho é rico em ácidos graxos essenciais ômega 3, magnésio, potássio, zinco e vitamina B. Além de que, não contém colesterol e é baixo em gorduras saturadas. Vários estudos demonstraram que ajuda a reduzir a dor e a inflamação, causados pela artrite e a baixar os níveis de colesterol e triglicerídeos. Também é eficaz para hidratar a pele seca. Uma colherada desse azeite ao dia sobre a salada ou verduras é suficiente.

129

Pesticidas

Os resíduos de pesticidas que ficam nos alimentos alteram a absorção das vitaminas A e C e aumentam o risco de câncer. Ainda que a ingestão desses pesticidas seja muito pequena, o problema é que não se eliminam facilmente e tendem a acumular-se no corpo. Morangos, maçãs, batatas, uvas, laranjas, cenouras, feijões, alfaces, cogumelos cultivados, pêssegos e trigo são alguns dos alimentos que retêm mais quantidade de pesticidas, e nesse caso é conveniente optar pelos que são produzidos de forma orgânica ou lavá-los conscientemente.

130

Salsinha

A salsinha contém uma substância que evita que células tumorosas se multipliquem e é muito rica em vitamina C. Além de que, combate as parasitas intestinais, ajuda a eliminar os gases, previne o mal hálito e estimula o sistema digestivo. Consumida regularmente fortalece a vesícula, os rins, o fígado, o estômago e a tireoide. Também se demonstrou que ajuda a combater a retenção de líquidos, a hipertensão arterial e os problemas da próstata.

131

O riso

O riso, quando espontâneo, enche-nos de felicidade, alivia-nos o estresse. Ao rir, as cervicais e os ombros, onde acumulamos mais tensão, estiram-se e relaxam-se. Rir reforça o sistema imunológico. Observou-se que quando uma pessoa ri, os níveis de A imunoglobulina na saliva (uma defesa contra os organismos infecciosos que podem aparecer nas vias respiratórias) tendem a aumentar. Também é um grande exercício físico, porque em cada gargalhada empregamos até trezentos músculos, e ao mover o diafragma estamos facilitando a digestão. Com o riso, nosso corpo vibra e eliminamos toxinas mais facilmente; despeja-se o nariz e o ouvido e introduzimos nos pulmões o dobro de oxigênio. Também favorecemos a produção de endorfinas no cérebro e a consequência disso – temos mais sensação de bem-estar e menos ansiedade.

132

Afrodisíacos naturais

As ostras são o alimento afrodisíaco mais conhecido, talvez porque seu alto conteúdo de zinco aumente a produção de testosterona. O aspargo incrementa os níveis de vitamina E, um importante estimulador dos hormônios sexuais. A pimenta do reino é outro notável afrodisíaco pelo seu conteúdo em capsaicina, que estimula as terminações nervosas para que liberem endorfinas, ajudando a aumentar a sensação de prazer.

133

Goji

Esses gomos originários do Tibet e da Mongolia foram usados durante mais de cinco mil anos pelos expertos em medicina tradicional da China, Índia e Tibet para proteger o fígado, resolver problemas de fertilidade, aumentar a visão, reforçar o sistema imunológico, melhorar a circulação e promover a longevidade em geral. O que se descobriu recentemente é que esses gomos são muito ricos em dois tipos de antioxidantes: O betacaroteno e o zeaxanthin. Este último parece ser o responsável por suas propriedades para melhorar a visão, já que atua como um filtro solar na retina impedindo a degeneração muscular, responsável pela maioria dos problemas visuais graves a partir dos sessenta e cinco anos. Outras pesquisas na China demonstraram que o Goji ajuda a reduzir o nível de glicose no sangue e impede a reprodução das células cancerosas. Comercializam-se secos com um aspecto similar ao das uvas-passas e em suco. Atenção: não devem ser administrados juntamente com anticoagulantes.

134

Caminhar descalço

O corpo humano tem sua própria carga de eletricidade e é ligeiramente condutor. Através dos pés, descarregamos a eletricidade excedente e a intercambiamos com a da terra. Quando usamos um calçado isolante, elaborado com sola de borracha ou de plástico, estamos impedindo que essa descarga de eletricidade se produza e ficamos com essa tensão. Isso se traduz nas típicas cãibras que experimentamos ao tocar certos objetos metálicos e também em nervosismo e estresse. Para evitar esse problema, podemos usar calçados cujas solas sejam condutoras (sisal ou couro) ou melhor, caminhar descalço cada vez que pudermos.

135

Coma com calma

O nosso modo de comer é tão importante como o que comemos. Inclusive, se nossa comida é totalmente orgânica, equilibrada e natural, poucos nutrientes vamos assimilar se nos precipitamos sobre o prato sem apenas mastigar e saborear os alimentos porque temos pouco tempo para comer, e estamos mais interessados nas notícias de televisão ou do que vamos fazer quando terminamos a refeição. Mais que nutrientes, estamos "tragando" estresse. Por desgraça, este fenômeno que começou com os restaurantes de comida rápida, que inclusive estão desenhados para que permaneçamos à mesa no mínimo (quem aguenta essas cores gritantes mais de meia hora?), é cada vez mais frequente e está muito expandido. O fato, porém, é que comer nessas condições (com pressa, rodeados de ruídos, sem saborear, nem mastigar) acrescenta mais estresse às nossas vidas. Em nossas mãos está recuperar o antigo prazer de sentar-se à mesa para repor forças, desfrutar dos odores e sabores, desconectar da rotina.

136

Cravo para a dor de dentes

Esta espécie tem propriedades antimicrobianas, analgésicas e anestésicas. Estimula o apetite e facilita a digestão, e dizem que ajuda em caso de cansaço físico ou mental porque estimula os sentidos. Para a dor dos molares, é muito eficaz mastigar um cravo ou deixá-lo junto da parte dolorida. Também se pode pôr uma gota de azeite de cravo num algodão e deixá-lo sobre o dente dolorido durante um tempo até que a dor acalme. Além do mais, o óleo essencial de cravo, aplicado mediante massagem, é muito útil para aliviar a dor da artrite e eliminar fungos.

137
Vinagre de cidra

Este tipo de vinagre elaborado com maçãs melhora as funções hepáticas e renais. Uma mescla de vinagre de cidra e água, tomada antes das refeições, dissolve a gordura, a mucosidade e o escarro; ajuda o corpo a eliminar substâncias tóxicas com facilidade, pelo que resulta útil no tratamento de furúnculos e acnes, e previne a formação de coágulos. É uma ajuda importante nas dietas de emagrecimento porque acelera o metabolismo, gera energia e reduz a sensação de apetite. Por conter magnésio e cálcio, também é eficaz para prevenir osteoporose. Aplicado em compressas quentes, reduz a dor e a inflamação das articulações.

138

Aveia para a pele irritada

Já no antigo Egito utilizavam a farinha de aveia para seus tratamentos de beleza. A farinha de aveia, em estado coloidal (muito pulverizada) e dissolvida em água é excelente para o tratamento da pele irritada com eczemas, herpes, chagas, queimaduras solares ou picadas de insetos. Pode preparar aveia coloidal em casa, pulverizando a aveia comum num moedor de café. Saberá que se encontra em estado coloidal quando, ao acrescentar água, a mistura adquire uma consistência viscosa e as partículas de aveia integram-se com a água, sem se fundir nem flutuar. Depois, basta encher a banheira com água temperada, acrescentar várias xícaras de aveia e desfrutar do banho durante não mais de dez minutos. Ao sair da banheira tenha cuidado com os escorregões (a pele fica extremamente suave e pode escorregar) e enxugue-se dando pequenos golpes com a toalha (evite se esfregar com a toalha, pois pode irritar a pele).

139

Lavanda

A lavanda é a planta aromática mais usada ao longo da História. Tomada em infusão em propriedades antibacterianas, antissépticas, tranquilizantes, expectorantes e antiespasmódicas. Também alivia a flatulência e ajuda nas dores de cabeça. Pode ser usada externamente para aliviar eczemas, pequenas queimaduras, cortes, dermatites, bolhas, chagas e dores produzidas pelo reumatismo e a artrite. Usada em aromaterapia, tem um efeito calmante, indutor do sono, e é muito útil para tranquilizar as crianças.

140

Shiatsu

O shiatsu é um tipo de massagem desenhada para regular o fluxo de energia corporal que se aplica exercendo pressão no corpo com os dedos. Uma sessão de shiatsu produz grande relaxamento que por sua vez aumenta o nível de energia e equilibra o corpo. Em nível mais externo, estimula a circulação nos capilares da pele, assim também a secreção das glândulas sebáceas, de forma que a pele fica mais hidratada e previne a formação de rugas no futuro. Internamente, todo sistema circulatório e digestivo vem-se beneficiando pelo aumento da energia geral que por sua vez também ajuda a acelerar o metabolismo das gorduras. É muito útil para aliviar dores musculares, de articulações e as enxaquecas. Uma sessão de shiatsu costuma começar com pequenos estiramentos para estimular a energia e relaxar os músculos. Depois se procede a aplicar diferentes tipos de pressões, dependendo da necessidade da pessoa que recebe a massagem.

141

Kudzu

Tem-se demonstrado que esta planta de origem chinesa é uma eficaz ajuda em caso de alcoolismo. Em várias pesquisas, observou-se que pessoas que tinham problemas para deixar de tomar álcool ou que o bebiam em grandes quantidades puderam baixar a dose diária facilmente após tomarem o extrato dessa planta durante uma semana. Noutro experimento foi comprovado que depois de ingerir uma só cápsula de extrato de kudzu concentrado, pessoas dependentes do álcool tiveram menos vontade de beber. Após oferecerem-lhes bebidas alcoólicas, observou-se que tardavam mais em terminá-las.

142

Vinho tinto para o herpes

Um estudo realizado nos Estados Unidos demonstrou que o resveratrol, um componente do vinho tinto que também ajuda a prevenir as enfermidades do coração, impede que o herpes se estenda ou se contagie. Também é útil no caso de herpes labial, se se fricciona na área afetada.

143

Orégano contra as bactérias
resistentes aos antibióticos

Dois estudos recentes acabam de demonstrar que o carvacrol, um componente químico do azeite de orégano, tem a mesma capacidade de reduzir as infecções que os antibióticos. Num dos experimentos se estudou a eficácia do carvacrol contra a bactéria estafilococo (responsável por muitos processos infecciosos e que está se tornando cada vez mais resistente aos antibióticos), e se observou que inclusive com pequenas doses era tão eficaz como a penicilina, a estreptomicina e a vacnomicina.

144

A soja previne o
câncer de matriz

Um estudo realizado com 1700 mulheres num centro de pesquisa sobre o câncer em Shangai demonstrou que as que tomavam habitualmente soja tinham menos probabilidades de contrair de matriz e de mama. A incidência deste tipo de câncer na Ásia é cinco vezes menor do que noutros continentes e isso, com toda probabilidade se deve ao alto consumo da soja nos países asiáticos. Não obstante, a obesidade continua sendo o maior fator de risco para esta modalidade de câncer.

145

Um contra-mosquitos natural

Se quer evitar os repelentes de mosquitos comerciais tão agressivos contra a pele e o meio ambiente, aqui tem uma receita eficaz e muito aromática: dez gotas de azeite essencial de alfavaca, dez de cedro, dez de citronela, dez de limão, dez de zimbro, dez de mirra, dez de pinho, dez de gerânio e uma xícara de álcool. Misture os ingredientes num pote com tampa. Antes de começar a usá-lo, esfregue uma pequena quantidade sobre a pele para assegurar-se de que não tem alergia a nenhum dos seus ingredientes.

146

Alimentos funcionais

Este conceito foi desenvolvido no Japão durante os anos oitenta. Trata-se de alimentos que além de um alto conteúdo de nutrientes possuem outras substâncias que contribuem para reduzir o risco de enfermidades. Em comum, todos têm a propriedade de melhorar o sistema imunológico, prevenir alguma enfermidade específica, ajudar a melhorar as condições físicas e mentais e retardar o processo do envelhecimento. Tomados diariamente, constituem a melhor forma de prevenir o câncer e também certas enfermidades associadas com a idade. Esses superalimentos são: o alho, os pêssegos, a aveia, os brócolis, os cítricos, o azeite de linho, a soja, o chá verde, os tomates, o vinho e as uvas, o pescado azul e o iogurte ou leite fermentado.

147

A sesta

Dormir a sesta após comer é uma forma de relaxar-nos profundamente e permitir que nossa mente desconecte e se reorganize após a jornada de trabalho matinal. Ao despertar, sentimo-nos com mais vitalidade e humor. A sesta ideal deve durar entre quinze e vinte minutos e deve realizar-se em lugar afastado de ruídos. Ter a televisão ligada enquanto dormimos impede que desconectemos totalmente. A sesta jamais deve superar os trinta minutos: se é demasiado longa, dificulta os processos digestivos e ao despertar-nos, iremos nos sentir pesados e com letargia, em lugar de revitalizados.

148

Terapia de limpeza do cólon

Com o tempo, as toxinas tendem a acumular-se no cólon, provocando enfermidades, dores de cabeça, gases, irritabilidade, alergias, intolerância a certos alimentos e fadiga. Por outra parte, essas toxinas são terra fértil para a proliferação de bactérias, daí a grande importância de se submeter a uma terapia de limpeza de cólon, de vez em quando. Se o cólon não funciona corretamente, parte das toxinas veem-se obrigadas a abandonar o corpo através de outras vias, o que se traduz em mal alento e um suor desagradável. Existem vários tipos de terapias de limpeza de cólon disponíveis. Tanto a irrigação de cólon (enema) que elimina os restos de matéria fecal pegados ao intestino, quanto a limpeza gradual que se realiza combinando extratos de plantas com grandes quantidades de água dão muito bons resultados. Depois de uma limpeza de cólon a digestão melhora, sentimo-nos menos fatigados, alguns problemas de pele desaparecem, o metabolismo acelera-se ligeiramente e nos sentimos mais saudáveis em geral.

149

Evite a contaminação acústica

Nós que vivemos na cidade estamos tão acostumados aos altos decibéis e tão imersos no ruído que quase não nos damos conta dos estragos que causam em nossa saúde. Os ruídos permanentes não só podem provocar sérios problemas auditivos, também nos impedem de concentrar-nos e nos fazem sentir irritados de forma que aumentamos nossa tensão arterial. Para dar-nos conta dos efeitos do ruído em nossa saúde, necessitamos comprovar como nos sentimos no silêncio. Se passarmos uma temporada no campo ou num lugar sem contaminação acústica, em seguida notamos que nos concentramos mais facilmente, que estamos menos em tensão e mais em contato conosco mesmos. Depois, ao regressar à cidade, ficamos mais conscientes de como nos afeta o ruído, e esse é o momento de fazer algo para evitá-lo. Antes que nos tornemos a acostumar e deixemos de ser conscientes do muito que nos afeta!

150

A autoestima

Quando nos apreciamos e respeitamos tal e qual somos, temos mais capacidade para fazer frente às adversidades. Se não nos aceitamos, ninguém poderá fazê-lo por nós e o apreço dos demais será algo de que passamos a depender, mas que jamais nos resultará suficiente. Se não somos capazes de dar a nós mesmos o amor ou a aceitação que buscamos, não nos chegará que os demais nos amem ou nos aceitem. Para aumentar nossa autoestima necessitamos conhecer-nos e dar-nos conta das nossas qualidades. Quando somos capazes de ver como fomos condicionados na infância e como aprendemos a nos depreciar e a nos desvalorizar quando nossa forma de atuar era castigada ou criticada, começamos a nos descobrir como pessoas totalmente capazes e merecedoras de amor e afeto. Nesse momento, conseguir o afeto dos demais já não é tão importante, porque aí estamos nós para nos dar o que sempre buscamos. Este processo leva seu tempo e enquanto dura é importante evitar as pessoas que nos criticam ou nos fazem sentir mal, a fim de se sentirem eles mais poderosos ou capazes.

151

O agradecimento

Estarmos agradecidos a tudo o que a vida nos traz e nos repleta de felicidade. Fazer uma recontagem de tudo o que temos (e não estou me referindo só aos aspectos materiais) é uma forma de nos sentir positivos. Podemos agradecer também às dificuldades, aos problemas porque sabemos que nos levarão a nos provar e a tirar o melhor de nós mesmos. Se abrirmos nossa mente sempre poderemos encontrar algo positivo no que nos está ocorrendo e enquanto não o encontramos, nos sentiremos confiados na vida, sabendo que algo bom nos aportará essa experiência, ainda que temporariamente não sejamos capazes de vê-lo.

152

Azeite da árvore do chá

Este azeite tem propriedades antibacterianas, antivirais e fungicidas. Em caso de dor de dentes, uma gota sobre a área infetada penetra a gengiva e ajuda a eliminar os germes; é eficaz contra contusões em atletas. Se aplicamos duas ou três gotas desse azeite diariamente sobre a área afetada, o resultado é rapidamente obtido. E também esse azeite é eficaz contra os piolhos – acrescentem-se algumas gotas ao shampoo. O olor que desprende quando o aquecemos num vaporizador de aromas ajuda a eliminar a congestão nasal, e é excelente para eliminar dor de garganta, se fizermos gargarejos com água quente a que previamente tenhamos acrescentado dez gotas desse azeite. Também alivia a ardência e o inchaço produzidos pelas picadas de insetos pondo uma ou duas gotas sobre a área afetada.

153

Remédios naturais par dor de cabeça

Às vezes, as dores de cabeça têm sua origem na má circulação ou em alguns músculos contraídos. Se suspeitar de que esse pode ser o seu caso, um simples passeio ou um pouco de exercício o levarão a aliviá-lo. Outra forma de relaxar os músculos e melhorar a circulação é tomar um banho quente. Muitas dores de cabeça têm sua origem em uma desidratação. Assegure-se que bebe suficiente água, se crê que este é o seu caso. Em casos de dores de cabeça mais persistentes, pode recorrer à acupuntura ou ao shiatsu. Aplicar panos húmidos, alternando frios e quentes, também dá muito bons resultados. Outro método que funciona é deitar-se num ambiente escuro e permanecer totalmente em silêncio, até que a dor cesse, evitando os ruídos e as luzes brilhantes durante algum tempo.

154

Em caso de alergias

O mel é um eficaz tratamento para alergia ao pólen, ainda que não funcione com todo mundo. Há que começar com meia colherinha de café ao dia (e ir aumentando a dose paulatinamente) para se assegurar de que o corpo pode tolerá-la e suspender o tratamento ante qualquer moléstia gastrointestinal. O mel tem de ser fresco e não pasteurizado nem aquecido, e o melhor é que tenha sido colhido no ano anterior durante a mesma época em que tenha a alergia. Comece o tratamento um mês antes da época da sua alergia. Outro remédio para aliviar os sintomas de alergia ao pólen é tomar pelo menos três xícaras de chá verde ao dia.

155

Melhore sua visão sem óculos

O doutor Bates, um oftalmologista americano, chegou à conclusão de que a maioria dos problemas visuais é devida ao uso incorreto dos músculos oculares e a um excesso de tensão neles. Equiparou o emprego dos óculos ao de algumas muletas, porque ajudam a ver, mas não são capazes de corrigir o problema original. Para recuperar a visão elaborou uma série de exercícios de ginástica ocular que combina movimentos oculares, respiração, relaxamento e enfoque, destinados a reeducar os músculos oculares, logrando alguns resultados extraordinários. O escritor Aldous Huxley, que com a idade de dezesseis anos estava quase cego, foi um dos seus mais destacados pacientes.

156
Remédios naturais para hemorroidas

A falta de exercício físico, a má dieta e uma constipação persistente são alguns dos fatores que causam as hemorroidas. O suco de rabanete com um pouco de sal tomado duas vezes ao dia durante quinze dias pode ajudá-lo a eliminá-las. Também resulta efetivo tomar durante alguns dias a água onde cozinhamos algumas raízes de gengibre. Para reduzir o sangramento das hemorroidas há que tomar suco de meio limão com sal.

157

Neem

Na Medicina Ayurvédica as folhas dessa planta são utilizadas há muitos séculos para reforçar o sistema imunológico. Na Índia, é comum ver as pessoas mastigando essas folhas de manhã para prevenir hipertensão e diabetes ou tratar as dores musculares. O extrato tomado em cápsulas, dizem que torna o corpo imune aos problemas epidérmicos, purifica o sangue, elimina borbulhas e cravos, ajuda em casos de obesidade e melhora em casos de artrite. Também pode ser tomado em infusão – ainda que seja amargo ao extremo – e tradicionalmente se toma o chá de neem para reduzir a febre em casos de malária.

158

As azeitonas e os ácidos graxos

As azeitonas contêm uma grande quantidade de ácidos graxos essenciais e de enzimas naturais.

São uma importante fonte de cálcio que ajuda a alcalinizar seu corpo e reduz a inflamação celular. Também são úteis para dissolver a mucosidade e o escarro.

159

Sementes de girassol

As sementes de girassol cruas são uma fonte excelente de vitamina E, e, portanto de antioxidantes. Contêm enzimas naturais que ajudam a digestão e a assimilar os alimentos. É importante que as ingira cruas, já que ao torrá-las perdem quase todos os nutrientes. Também é muito benéfico tomá-las germinadas porque nesse estado contêm grande quantidade de minerais.

160

Spirulina

Esta alga é muito rica em proteínas vegetais, antioxidantes, minerais e ácido gama-linoleico. Também contém grande quantidade de vitamina B12, que junto com o ácido gama-linoleico, ajudam a melhorar o estado de ânimo, a memória e a vitalidade geral. É útil para o tratamento de certos sintomas associados ao envelhecimento, à perda de memória, à confusão, à fadiga etc. Pode tomá-la em copos e acrescentá-la nas saladas e melhor, em cápsulas concentradas.

161

Castanhas da Índia para as varizes

A semente desta árvore tem propriedades anti-inflamatórias que ajudam a melhorar a elasticidade das veias, reduzir os líquidos, o inchaço e eliminar a dor e o cansaço provocados pelas varizes. Pode encontrá-las em cápsulas ou comprimidos em qualquer herbanário. Ainda que haja muitas marcas, assegure-se de que a que compre tenha um conteúdo alto em escina, o principal ingrediente ativo da semente.

162

Ginkgo Biloba

O ginkgo é muito rico em vários antioxidantes que atuam neutralizando os radicais livres que causam danos cerebrais e reforça os capilares, o que melhora o fluxo de sangue no cérebro. As folhas dessa árvore são excelentes para o tratamento da insuficiência cerebral e a perda de memória que aparecem junto com a enfermidade de Alzheimer ou a demência senil. Também é útil para os transtornos temporais de memória, déficit de atenção, dificuldade de concentração e inclusive alguns transtornos de visão.

163

Cardo mariano

As folhas desta planta vêm sendo usadas como protetor hepático desde a época do império romano. Os estudos mais recentes demonstraram que a silimarina, um componente do cardo marino, tem uma capacidade especial para prevenir e curar as enfermidades hepáticas porque protege o fígado do impacto das toxinas e ajuda a regenerar os tecidos hepáticos. Também ajuda a prevenir o câncer e os tumores, além de ser útil para o tratamento da cirrose.

164

Bananas

A banana é muito rica em potássio, pelo que resulta útil para o tratamento de cãibras musculares e para recuperar forças depois de um exercício prolongado. É ligeiramente antibacteriana, pelo que previne a formação de úlceras e ajuda a baixar a pressão arterial. Por ser um alimento alcalino, previne a acidose e alivia as dores de gota e o reumatismo. Também contém fósforo, magnésio, betacaroteno e antioxidantes que agem na pele.

165

Cajus

Os cajus são ricos em vitamina C e A, sódio, potássio, cálcio e fibra. Previne a osteoporose, alguns tipos de câncer, certas enfermidades do coração, baixa a pressão arterial e favorece a atividade neuronal. Por ser muito rico em fibra, são excelentes para tratar a constipação e para limpar os rins e a bexiga. Reforça o sistema imunológico e previne a formação de herpes. Contêm fitonutrientes, carotenoides e antioxidantes que ajudam a prevenir as enfermidades associadas ao envelhecimento.

166

Abacates

Esta fruta é muito rica em vitamina E, em ácidos graxos monossaturados que ajudam a manter o coração em forma. Contém potássio, ácido fólico, vitamina B6, ferro, cobre, magnésio e fibra. Comê-lo de forma regular nas saladas ou no guacamole ajuda a melhorar a saúde da pele. O azeite de abacate suaviza e hidrata a pele e é eficaz para o tratamento das queimaduras solares e das manchas da pele ocasionadas pela idade. Pode elaborar uma máscara caseira para hidratar a pele do rosto, misturando uma colherinha de azeite de oliva com um abacate triturado. Deixe-a que atue sobre a pele durante quinze minutos, antes de retirá-la com água morna.

167

Rhodiola rósea para o estresse

Atualmente, essa planta originária das zonas árticas da Sibéria é considerada como o melhor adaptógeno natural para lidar com a ansiedade e o estresse. Durante séculos foi usado no leste da Europa e em algumas regiões da Ásia para fomentar a longevidade, aumentar a resistência, tratar o mal da altura, a depressão, a fadiga, os problemas de origem nervosa e a anemia. Suas propriedades para normalizar os hormônios do estresse tornam-na muito efetiva para combater a ansiedade. Estudos mais recentes demonstraram que estimula os neurotransmissores e a capacidade do cérebro para processar a serotonina. Nestes estudos, observou-se que também ajuda a criar claridade mental, melhora o estado de ânimo e a tolerância ao estresse e, além disso, aumenta o nível de energia em geral.

Outros livros da Editora Isis

Outros livros da Editora Isis